Découvrez des Jeux Gratuits en Ligne

Disponible Ici :

BestActivityBooks.com/FREEGAMES

5 ASTUCES POUR DÉMARRER !

1) COMMENT RÉSOUDRE LES MOTS MÊLÉS

Les puzzles sont dans un format classique :

- Les mots sont cachés sans espaces, tirets, ...
- Orientation : Les mots peuvent être écrits en avant, en arrière, vers le haut, vers le bas ou en diagonale (ils peuvent être inversés).
- Les mots peuvent se chevaucher ou se croiser.

2) UN APPRENTISSAGE ACTIF

Un espace est prévu à côté de chaque mots pour noter la traduction. Pour favoriser un apprentissage actif un **DICTIONNAIRE** à la fin de cette édition vous permettra de vérifier et étendre vos connaissances. Cherchez et notez les traductions, trouvez-les dans le Puzzle et ajoutez-les à votre vocabulaire !

3) MARQUEZ LES MOTS

Vous pouvez inventer votre propre système de marquage. Peut-être en utilisez-vous déjà un ? Sinon, vous pourriez, par exemple, marquer les mots qui ont été difficiles à trouver d'une croix, ceux que vous avez aimés d'une étoile, les mots nouveaux d'un triangle, les mots rares d'un diamant, etc...

4) STRUCTUREZ VOTRE APPRENTISSAGE

Cette édition vous offre un **CARNET DE NOTES** très pratique à la fin du livre. En vacances ou en voyage ou à la maison, vous pouvez facilement organiser vos nouvelles connaissances sans avoir besoin d'un second bloc-notes !

5) VOUS AVEZ FINI TOUTES LES GRILLES ?

Allez à la section bonus **CHALLENGE FINAL** pour trouver un jeu gratuit à la fin de cette édition !

Simple et Rapide ! Découvrez notre collection de livres d'activités pour votre prochain moment de détente et **d'apprentissage**, à juste un clic de distance !

Trouvez votre prochain défi sur :

BestActivityBooks.com/MonProchainLivre

À vos marques, prêts... Partez !

Saviez-vous qu'il existe environ 7 000 langues différentes dans le monde ? Les mots sont précieux.

Nous aimons les langues et avons travaillé dur pour créer les livres de la plus haute qualité pour vous. Nos ingrédients ?

Une sélection des thématiques d'apprentissage adaptée, trois belles parts de divertissement, puis nous ajoutons une cuillère de mots difficiles et une pincée de mots rares. Nous les servons avec soin et un maximum de plaisir pour vous permettre de résoudre les meilleurs jeux de mots mêlés qui soient et d'apprendre en vous amusant !

Votre avis est essentiel. Vous pouvez participer activement au succès de ce livre en nous laissant un commentaire. Nous aimerions vraiment savoir ce que vous avez préféré dans cette édition !

Voici un lien rapide qui vous mènera à la page d'évaluation de vos commandes :

BestBooksActivity.com/Avis50

Merci pour votre aide et amusez-vous bien !

De la part de toute l'équipe

1 - Adjectifs #2

```
A Ý N D E V O P D O Z P X R E Č
M U N S L Ý V O N E D R K S L I
M O T W Z K B P B D R I P G E S
R B C E L C F I N U A R O M G T
D V P N N I H S V C V O H D A Ý
I Y W Z Ý T J N U I Ý D A Z N H
V N S Z Ý A I Ý V U N Z Z C T C
O V L A V M U C L O A E M T N U
K Í Á L A A C S K B D N B N Ý S
Ý T V S M R E U H Ý A Ý N L I S
C A N S Í D B B V R N V E Z G U
X E Y M J Y V F J N D R P D C K
P R O D U K T Í V N Y Ý N A L S
K K L S A N K V A O U V U B K B
N E N F Z K N Y R R K G F P U Y
Z F C P R X S L B T B R U I P C
```

AUTENTICKÝ   PRIRODZENÝ
SLÁVNY   NOVÝ
KREATÍVNY   PRODUKTÍVNY
POPISNÝ   MOCNÝ
NADANÝ   ČISTÝ
DRAMATICKÝ   ZODPOVEDNÝ
ELEGANTNÝ   ZDRAVÝ
HRDÝ   SLANÝ
SILNÝ   DIVOKÝ
ZAUJÍMAVÝ   SUCHÝ

2 - Formes

```
W M W E S P M D B R W E C M W H
U O Y O I Y R I E B Z N M N W R
K G H H U R K N O L K U J O K A
E O A S P A E J A R K O J H U N
M I C G Y M I T N Ú Y L U O Ž O
O T F K Y Í T M A T L U H U E L
H B A B A D S X R R W K A H Ľ Á
N C D M Y A E N T D É K Y O Z V
L J K Ĺ O W M P S I M F C L J O
K L C J Ž Y Á J L I A S S N S F
J E E P H N N F I W L P G Í C Z
O B L Ú K V I X N S S T E K Z H
R R A P L S W K K W M W L Y Z B
I Z V F E C C E A K V I R K I F
E L I P S A H Y P E R B O L A D
A I T R O J U H O L N Í K S Y C
```

OBLÚK	ELIPSA
OKRAJE	HYPERBOLA
NÁMESTIE	LINKA
KRUH	OVÁL
RÚT	MNOHOUHOLNÍK
KRIVKA	HRANOL
KUŽEĽ	PYRAMÍDA
STRANA	OBDĹŽNIK
KOCKA	SFÉRA
VALEC	TROJUHOLNÍK

3 - Force et Gravité

```
A N M H B B M K R K W A X I A U
T V L A S T N O S T I W U M V N
O R B I T A T H G V W N M T K I
A H S X S B Č G P N S K A L T V
O S C N K Y M J D Z W V G R D E
Ý O U K L H Y R J D K P N V H R
K S A C O O O J Z I I L E M I Z
C D K E X P A N Z I A Y T P R Á
I E I N E R T F V D Y V I P A L
M N N Ť S O N E L A I D Z V G N
A P A T O S P L A N É T M T B Y
N T H D R F Y Z I K A L U U O O
Y B C F C U L V A W R B S U B Z
D L E W B L M T R U U J Y R J S
Z A M L X V H M O T N O S Ť A M
R Ý C H L O S Ť M M V C G S V L
```

OS
CENTRUM
OBJAV
VZDIALENOSŤ
DYNAMICKÝ
EXPANZIA
TRENIE
VPLYV
MAGNETIZMUS
MECHANIKA

POHYB
ORBITA
FYZIKA
PLANÉT
HMOTNOSŤ
TLAK
VLASTNOSTI
ČAS
UNIVERZÁLNY
RÝCHLOSŤ

4 - Adjectifs #1

```
A  J  F  D  C  J  E  Ť  D  P  U  G  T  Z  N  T
O  P  Z  M  F  Z  J  O  A  Ô  O  W  H  G  S  O
L  Y  R  U  W  L  D  J  R  Ž  L  M  F  I  J  T
A  R  O  M  A  T  I  C  K  Ý  K  E  A  J  J  O
M  H  W  P  Y  N  V  Í  T  K  A  Ý  Ž  L  R  Ž
M  O  D  E  R  N  Ý  A  F  C  F  R  J  I  Ý  N
E  S  N  U  B  R  G  L  D  I  G  D  Z  A  T  Ý
R  W  C  T  J  C  D  G  Z  T  E  E  M  T  U  Ý
Ú  P  R  I  M  N  Ý  G  T  O  I  T  L  R  M  K
O  B  R  O  V  S  K  Ý  K  X  O  Š  H  A  E  N
A  B  S  O  L  Ú  T  N  Y  E  R  C  P  K  L  E
N  E  V  I  N  N  Ý  K  R  Á  S  N  Y  T  E  T
A  M  B  I  C  I  Ó  Z  N  Y  Y  Z  O  Í  C  V
G  M  L  A  D  Ý  L  A  N  O  K  O  D  V  K  V
K  T  T  L  P  G  O  C  P  S  C  T  J  N  Ý  H
W  K  V  X  M  V  D  S  K  U  D  A  L  Y  L  U
```

ABSOLÚTNY	ÚPRIMNÝ
AKTÍVNY	TOTOŽNÝ
AMBICIÓZNY	DÔLEŽITÝ
AROMATICKÝ	NEVINNÝ
UMELECKÝ	MLADÝ
ATRAKTÍVNY	POMALÝ
KRÁSNY	ŤAŽKÝ
EXOTICKÝ	TENKÝ
OBROVSKÝ	MODERNÝ
ŠTEDRÝ	DOKONALÝ

5 - Instruments de Musique

```
K C A A A F C D J W Z P T G V L
L M O P P H O A O D F F K K E T
A B M I R A M K U T E M M S V X
R F J G P U W W L F A G O T T S
I G V F N Ó F O X A S S E H A Y
N N Ó B M O R T F G V C O P M V
E C W R B B G Y G F M Í H R B P
T V S L H F L A U T A T R A U H
P R A O O H A R M O N I K A R U
T E V X B E B U B O N R I F Í S
R B R I O U M G I T A R A R N L
Ú A B K J P D S J W L F C A A E
B N Z K U T O M H W C F B H C O
K J L C K S M A N D O L Í N A D
A O K I B D I I B B D V M X X K
T V D Y X O L E Č N O L O I V Z
```

BANJO	MARIMBA
FAGOT	PERKUSIE
KLARINET	KLAVÍR
FLAUTA	SAXOFÓN
GONG	BUBON
GITARA	TAMBURÍNA
HARMONIKA	TROMBÓN
HARFA	TRÚBKA
HOBOJ	HUSLE
MANDOLÍNA	VIOLONČELO

6 - Herboristerie

```
M T Y M I A N T W M P Z K M K O
U A R O Z M A R Í N R E U J O J
H K J P M V A T Ä M O L C A V K
F Ž C O U B Ľ W F S S E H R C U
B O B E R A U O E T P N Á O F Z
B L B P S Á D Z N P E Á R M N S
U Z C G D N N R I K Š V S A B S
N D C H U Ť A R K C N G K T X Z
A A T I L A V K E I Ý N Y I X N
W D K Z H K E J L W X Ó S C C M
A A V X B L L T L A G G J K H X
X R V C F A I V X D G A K Ý P U
M H N X N Z J N P E T R Ž L E N
D Á L N N A G Z S L G T L Y P C
K Z P O N B B K J J A S W L B N
Š A F R A N O F H Y C E R Y J N
```

CESNAK	LEVANDUĽA
AROMATICKÝ	MAJORÁN
BAZALKA	MÄTA
PROSPEŠNÝ	PETRŽLEN
KUCHÁRSKY	KVALITA
ESTRAGÓN	ROZMARÍN
FENIKEL	ŠAFRAN
KVET	CHUŤ
ZLOŽKA	TYMIAN
ZÁHRADA	ZELENÁ

7 - Véhicules

```
M Ď Z A R G O L T K A P T A S P
E O L D A T E I L R O T O M K N
T L A T K R A F T O A R F D Ú E
R J U O E I P B E T G J T H T U
O R T A T W R W R K P S E S E M
Z S O S A U D V E A N T N K R A
E J J O X O A E I R K I Á Í T T
B S L X Y S I É C T H I L N I I
C S N K N I P K N M U K P Ľ D K
B I C Y K E L A A D I K O U W Y
F A T A X I L R L N A A T T D M
P O N O R K A A U K U L E R R A
A U T O B U S V B K F K K V B Y
S T D B Y R S Á M V U N A Á V F
T I M B X T O N A S D W R P N P
U R A D J F K A O H E N P P V L
```

AMBULANCIE	MOTOR
LIETADLO	RAKETOPLÁN
LOĎ	PNEUMATIKY
AUTOBUS	RAFT
NÁKLADNÉ AUTO	SKÚTER
KARAVÁNA	PONORKA
TRAJEKT	TAXI
RAKETA	TRAKTOR
VRTUĽNÍK	BICYKEL
METRO	AUTO

8 - Camping

```
M E S I A C P B Y S N S B L Á U
F B E D P R K A D E M T B I T E
O G L K A N O E P S O R E Z A J
K R C U M S L P W Z V O I C R M
T A H A V O P H H O T M N G E H
R R B L B V F E X V S Y E L I O
U N J Í J H L A N O Ž E D S V J
O L M L N U M Y U M U R A T Z D
Y B N J G A G Y O Y R V I A K A
Z Z G H P O H M Z S D B R N K C
D V L O V H M K F P O K A C N I
A M P R Y E N O I I R J Z A H A
I Z P M G Ň S S P L B O V S H S
K L O B Ú K W V Y K O M P A S I
Z M L K Y D F D P F D R K J B E
M V L D B T L A R I D W D X U Ť
```

ZVIERATÁ	ZARIADENIE
STROMY	OHEŇ
DOBRODRUŽSTVO	LES
KOMPAS	HOJDACIA SIEŤ
KABÍNA	HMYZ
KANOE	JAZERO
MAPA	MESIAC
KLOBÚK	VRCH
LOV	POVAHA
LANO	STAN

9 - Écologie

```
Z  Ť  S  O  D  O  R  O  N  Z  Ô  R  P  K  L  Y
H  H  H  N  L  N  S  S  W  F  B  A  R  L  M  N
R  T  L  H  A  B  I  T  A  T  B  S  I  Í  E  R
O  H  C  U  S  K  U  I  F  C  X  T  R  M  P  I
Ý  K  S  R  O  M  T  L  D  H  Z  L  O  A  R  D
M  R  F  D  D  G  P  N  J  M  Z  I  D  I  N  O
U  Z  C  P  H  O  L  H  R  M  D  N  Z  C  H  U
J  K  O  S  I  E  J  O  R  D  Z  Y  E  Á  Z  D
Z  E  E  E  G  G  F  K  B  R  N  R  N  T  S  R
Y  J  X  I  M  R  A  F  O  Á  C  O  Ý  E  P  Ž
J  A  S  T  B  Y  U  L  S  M  L  H  U  G  V  A
M  O  Č  I  A  R  N  Ó  I  R  U  N  O  E  I  T
V  Y  Z  Ž  H  K  A  R  N  S  B  N  Y  V  T  E
F  E  G  E  A  L  K  A  O  P  D  O  I  G  E  Ľ
D  O  B  R  O  V  O  Ľ  N  Í  C  I  R  T  W  N
U  W  Y  P  P  O  V  A  H  A  T  Y  X  V  Y  Ý
```

DOBROVOĽNÍCI	MOČIAR
KLÍMA	MORSKÝ
KOMUNITY	HORY
RÔZNORODOSŤ	POVAHA
UDRŽATEĽNÝ	PRIRODZENÝ
DRUH	RASTLINY
FAUNA	ZDROJE
FLÓRA	SUCHO
GLOBÁLNY	PREŽITIE
HABITAT	VEGETÁCIA

10 - Géométrie

```
P P L N A T N H Z A R B H L H K
B O L O Z A R S E G M E N T M A
P U V R G I U O M T P C Á D O L
R H P R X I B H J P V I I I T K
I O A E C R K G U U K N D D N U
E L R M T H F A T A H V E X O L
M E A Z A U V Ý Š K A O M F S Á
E I L O G R B W L V Y R L D Ť C
R D E R M K L J A F T A U N B I
Y O L O T E Ó R I A Č J A R Í A
O P N R I H F M R K Í F X J G K
X O Ý L L Y D D T V S Y W O Y A
B C N R J X F P E I L A B Y I D
B Y R Y R Z U L M R O Y F U I X
M F J B F P J D Y K D C V Y L G
O C Y A Y L H W S K A W V A D X
```

UHOL
KALKULÁCIA
KRUH
KRIVKA
PRIEMER
ROZMER
ROVNICE
VÝŠKA
LOGIKA
HMOTNOSŤ

MEDIÁN
ČÍSLO
PARALELNÝ
PODIEL
SEGMENT
POVRCH
SYMETRIA
TEÓRIA
TROJUHOLNÍK

11 - Les Médias

```
K O M U N I K Á C I A F K J F I
Č A S O P I S Y I L I O O P I N
W Z C T N S W R U G Z T M R N T
N Y N L Á T I G I D Í O E I A E
J Á D W S R J E I W V G R E N L
B V Z S I B R I Ť A E R Č M C E
H E Y O I T K N S J L A N Y O K
F N X N R H P A O A E F Ý S V T
K B O H Z U B V N P T I I E A U
B T V V Z G I Á J C E E G L N Á
L A R S I U F L E L R J R D I L
I G I N Z N C E R V U O W W E N
O N L I N E Y D E T Y T K A F Y
V Y D A N I E Z V M I S N R O U
M I E S T N Y V X R Y O S P H N
H M W M L R Á D I O D P M A L F
```

POSTOJE

KOMERČNÝ

KOMUNIKÁCIA

ONLINE

VYDANIE

VZDELÁVANIE

FAKTY

FINANCOVANIE

PRIEMYSEL

INTELEKTUÁLNY

NOVINY

MIESTNY

ČASOPISY

DIGITÁLNY

NÁZOR

FOTOGRAFIE

VEREJNOSŤ

RÁDIO

SIEŤ

TELEVÍZIA

12 - Philanthropie

```
P P O C T I V O S Ť M J H P G K
R Y V G C G W Y W G B F M E Z O
O N T Z L I D E T I E V P S F N
G C S A I O E O P A D M X V J T
R P D S Z O B L Ž E D Á L M N A
A Ľ U D I A C Á E I F O N D Y K
M Ľ K J E Y F L C N E B V A T
Y Š A T I D S S X N S H X F L Y
A T I R A H C B B A Y I U D W N
T E S V W N X O W N X S H D M I
I D I O Ý P H X C I W T F D U P
N R M A J Z G F Z F K Ó K B K U
U O K N U B V I C Y G R W P C K
M S V L J P T Y I J P I K T G S
O Ť A V O B E R T O P A Y F J L
K X O O V E R E J N O S Ť A U G
```

POTREBOVAŤ	ŠTEDROSŤ
CIELE	GLOBÁLNY
CHARITA	SKUPINY
KOMUNITA	HISTÓRIA
KONTAKTY	POCTIVOSŤ
VÝZVY	ĽUDSTVO
DETI	MLÁDEŽ
FINANCIE	MISIA
FONDY	PROGRAMY
ĽUDIA	VEREJNOSŤ

13 - Diplomatie

```
A Z X N Z X L Y E B D K P S V M
P O R A D C A J T S I O O P E O
S A V D X H X M I O S N L R Ľ B
P T R Á X I U I K U K F I A V Č
O S F L A X V P A P U L T V Y I
L T U V Y E O B Z L S I I O S A
U B E I N E Š E I R I K K D L N
P E Y F R W O O X L A T A L A S
R Z X T Á M S Z U E Z T H I N K
Á P E I T U N D O H Z O R V E Y
C E S N I N T E G R I T A O C G
A Č U Ý N Č I N A R H A Z S B S
H N V C A T I N U M O K F Ť G J
D O Y A M Z M L U V A Y H G T X
G S Z O U R O B Č A N I A E A O
U Ť G C H O D R Y W C U V W Z R
```

VEĽVYSLANEC	VLÁDA
OBČANIA	HUMANITÁRNY
OBČIANSKY	INTEGRITA
KOMUNITA	SPRAVODLIVOSŤ
KONFLIKT	POLITIKA
PORADCA	ROZHODNUTIE
SPOLUPRÁCA	BEZPEČNOSŤ
DISKUSIA	RIEŠENIE
ETIKA	ZMLUVA
ZAHRANIČNÝ	

14 - Électricité

```
O Y L X U M S L W D X K S C E N
E K S P Ý R K Y A P M A L K L E
X J I S K Z L N J S A C H R E G
Y C Z H C U A V X S E L P X K A
S F F D I I D Í L O H R Y X T T
Y H B P R R O T Á R E N E G R Í
U M O X T F V I E K Á B E L I V
V Y M V K H A Z I L S I E Ť K N
M A G N E T N O N K E L C T Á Y
D M N Z L I I P E A I F O X R T
M S M Z E T E M D E R P Ó Z W Ô
B A T É R I A Z A U F G L N G R
Ž I A R O V K A I C F E B Z A D
M N O Ž S T V O R F E E B B X H
G P G J H E M H A K V U S Á Z R
J U B G F P A I Z Í V E L E T G
```

MAGNET	LASER
ŽIAROVKA	NEGATÍVNY
BATÉRIA	PREDMET
KÁBEL	POZITÍVNY
ELEKTRIKÁR	ZÁSUVKA
ELEKTRICKÝ	MNOŽSTVO
ZARIADENIE	SIEŤ
DRÔTY	SKLADOVANIE
GENERÁTOR	TELEFÓN
LAMPA	TELEVÍZIA

15 - Astronomie

```
R Z M F Z S O M Z O K L K U S D
O M E F C A Ú Y J G K V F L U I
V U S J T T T H M K X W Z N P I
N I I F U E L M V N E B A O E T
O R A F A K C Ó E E O Z R E R J
D Ó C K N A X N U N Z E V F N I
E T E G O R W O H Y I D U R O O
N A Z A R X K R Z J T E I O V L
N V W L T U L T R R V L V E A I
O R Z A S É E S J L I E N T N I
S E Y X A O N A W T O A P E V W
Ť S E I N E R A I Ž Z E M M D G
R B A A N I V O L M H F G U J A
S O L Á R N Y Y L P V E S M Í R
A S T E R O I D F I L A K M L Z
A O T G S Z P A T C H N I D V H
```

ASTEROID	MESIAC
ASTRONAUT	METEOR
ASTRONÓM	HMLOVINA
NEBA	OBSERVATÓRIUM
SÚHVEZDIE	PLANÉTA
KOZMOS	ŽIARENIE
ZATMENIE	SOLÁRNY
ROVNODENNOSŤ	SUPERNOVA
RAKETA	ZEM
GALAXIA	VESMÍR

16 - Physique

```
K E J N J C B A Č A S T I C A U
W L A V G J Y T Z P T W B R I N
L E D X V R F Ó F A R B T Ý M I
H K R L X O A M C K L D S C E V
A T O T G T K V C H A O S H H E
Z R V J O O I G I I R K I L M R
R Ó Ý P T M N Z T T O U Z O O Z
Ý N Y L P O A J V A Á F C S T Á
C M A M X B H Z R R M C Y Ň N L
H O R D K B C C O Y X E I J O N
L L I S Y S E U X X F R Z A S Y
E E C R X C M H U S T O T A Ť F
N K C H E M I C K Ý C Z W C Y K
I U P P I J A I C N E V K E R F
E L M A G N E T I Z M U S D U S
W A T I V I T A L E R P C M B B
```

ZRÝCHLENIE	MAGNETIZMUS
ATÓM	HMOTNOSŤ
CHAOS	MECHANIKA
CHEMICKÝ	MOLEKULA
HUSTOTA	MOTOR
ELEKTRÓN	JADROVÝ
VZOREC	ČASTICA
FREKVENCIA	RELATIVITA
PLYN	UNIVERZÁLNY
GRAVITÁCIA	RÝCHLOSŤ

17 - Types de Cheveux

```
Y  Y  N  F  L  K  B  Z  R  M  S  P  Č  D  A  K
H  K  L  Y  F  K  W  M  X  V  J  M  I  T  U  N
Y  V  B  P  Z  D  O  Y  B  K  J  N  E  B  J  B
Š  E  D  Á  T  U  T  R  T  P  K  H  R  I  P  P
I  T  K  N  B  P  E  O  E  V  X  S  N  E  X  L
P  D  Y  U  Z  É  N  E  T  E  L  P  Y  L  L  E
H  T  B  H  Č  F  K  K  R  Á  T  K  Y  Y  L  Š
M  Ä  K  K  Ý  E  Ý  R  I  S  S  H  R  C  E  A
J  C  U  K  H  B  R  H  N  E  D  Ý  E  B  S  T
L  E  V  S  C  M  L  A  O  T  W  P  Č  W  K  Ý
E  Z  S  Y  U  F  X  O  V  N  G  J  U  F  L  V
W  T  H  Ý  S  L  X  T  N  Ý  V  V  K  A  Ý  O
S  X  É  N  B  E  R  A  F  D  R  F  C  G  B  K
Y  W  B  R  F  U  S  R  Z  D  R  A  V  Ý  W  V
J  B  U  V  W  O  R  B  E  I  R  T  S  P  X  L
D  X  D  P  H  D  L  H  Ý  T  I  N  L  V  J  A
```

STRIEBRO	KUČERAVÝ
BIELY	ŠEDÁ
BLOND	DLHÝ
KUČERY	HNEDÝ
LESKLÝ	TENKÝ
PLEŠATÝ	ČIERNY
FAREBNÉ	VLNITÝ
KRÁTKY	ZDRAVÝ
MÄKKÝ	SUCHÝ
HRUBÝ	PLETENÉ

18 - Archéologie

```
H H O O G Y N G C C B Z P P Z Z
E G V T M M Á R H C W L R O A H
F R T K S Á Í K É J X Z E T B B
F O S Í L N E T E R B W D O U N
K S M N P Z P I B R A N M M D U
F E O M S E F H A H A X E O N D
S F J U Y N L Y H R Z M T K U O
D O A K G U S P V O Ý Z I K T D
P R T S D X C P O B L J T K Ý B
R P E Ý P H O K O V A S S S A O
U M G V A Z A M N G N E O K L R
S T A R O V E K U K A W K A F N
F C I V I L I Z Á C I A T O K Í
A R E L I K V I A R P O L X M K
H O D N O T E N I E D L C V P V
I Y A U U V R H L A F H G N P P
```

ANALÝZA

STAROVEKU

VÝSKUMNÍK

CIVILIZÁCIA

POTOMOK

ODBORNÍK

ÉRA

TÍM

HODNOTENIE

FOSÍLNE

NEZNÁMY

TAJOMSTVO

PREDMET

KOSTI

ZABUDNUTÝ

KERAMIKA

PROFESOR

RELIKVIA

CHRÁM

HROB

19 - Mammifères

```
B  T  Z  B  W  V  D  M  D  E  L  F  Í  N  K  Ž
O  F  W  V  D  E  G  E  C  V  O  G  E  A  Ô  I
O  A  G  N  G  Ľ  C  D  S  N  B  O  J  K  Ň  R
K  O  J  O  T  R  W  V  M  A  Č  K  A  O  M  A
L  I  Y  L  Y  Y  J  E  D  H  U  T  C  L  F  F
V  E  L  S  E  B  B  Ď  R  U  D  U  I  K  Y  A
A  Z  D  Á  W  A  G  S  N  K  N  V  P  G  T  A
G  E  B  K  R  O  W  R  G  B  Z  K  O  B  E  N
M  B  W  X  I  K  Ý  B  Z  L  Í  Š  K  A  V  R
D  R  V  K  P  G  O  R  I  L  A  S  X  D  R  V
E  A  H  X  O  E  C  G  R  R  D  K  H  O  V  I
G  S  N  A  J  Z  S  Z  G  K  I  T  L  F  F  K
U  H  L  U  A  S  E  H  V  Z  H  Z  G  E  D  R
V  I  D  D  I  N  B  X  H  G  P  T  G  V  N  N
C  S  W  Y  E  P  E  F  H  T  T  H  K  W  U  Z
T  H  F  L  S  S  K  Z  N  C  S  T  F  U  U  W
```

VEĽRYBA	KRÁLIK
MAČKA	LEV
KÔŇ	VLK
PES	OVCE
KOJOT	MEDVEĎ
DELFÍN	LÍŠKA
SLON	OPICA
ŽIRAFA	BÝK
GORILA	TIGER
KLOKAN	ZEBRA

20 - Chocolat

```
I  U  L  R  V  E  K  L  A  H  O  D  N  Ý  E  M
T  L  B  P  V  X  P  E  D  M  E  E  I  N  S  O
P  R  W  R  T  O  E  M  U  C  Ó  O  D  E  K  J
E  B  G  Á  N  I  A  B  N  P  R  H  B  N  X
C  Ť  T  Š  A  I  R  R  U  M  F  O  A  Ú  S  Z
E  U  Ý  O  D  C  Ó  A  S  E  X  L  P  Ľ  L  T
R  H  K  I  K  L  K  B  A  K  T  Y  B  A  P
J  C  R  R  X  Ý  A  R  A  Š  I  D  Y  O  D  D
F  Y  O  Z  O  A  K  A  K  Z  Z  K  U  V  K  P
H  A  H  M  I  V  W  E  J  U  T  L  D  M  Ý  I
V  J  Y  Y  T  H  Í  L  Z  E  K  Z  O  S  C  I
J  R  N  G  N  C  U  K  O  R  O  B  H  Ž  P  O
J  B  B  S  A  R  E  M  E  S  E  L  N  É  K  R
M  D  B  D  Z  M  M  K  V  A  L  I  T  A  K  A
G  P  W  I  M  C  B  K  O  K  O  S  O  V  Ý  L
V  Y  F  M  S  G  D  G  R  K  V  D  Y  W  W  W
```

HORKÝ	SLADKÝ
ANTIOXIDANT	EXOTICKÝ
ARÓMA	OBĽÚBENÝ
REMESELNÉ	CHUŤ
CUKROVÍ	ZLOŽKA
ARAŠIDY	KOKOSOVÝ
KAKAO	PRÁŠOK
KALÓRIE	KVALITA
KARAMEL	RECEPT
LAHODNÝ	CUKOR

21 - Mathématiques

```
R U P O L O M E R M L M L S Z V
E H R S E E D D W A K O L M Ý I
E L O B I K J O C F B M R T A C
B Y V Y L Y T Y S Y O D R M A R
N G N S E X P O N E N T D K M Z
K E O Y D E S A T I N N É I O T
Z O B M M N O H O U H O L N Í K
L M E E I T S E M Á N I V Ž U C
O E Ž T P A R A L E L N Ý Ĺ S X
M T N R A J R S F É R A F D R S
O R Í I S Ú Č E T J H V H B R E
K I K A K I T E M T I R A O Y J
G A Z T P F Y D K E C I N V O R
J F I V P M I Y X V I I P V D Z
T R O J U H O L N Í K R M A K L
D Z A A I K A O B V O D P E U B
```

UHLY
ARITMETIKA
NÁMESTIE
OBVOD
DESATINNÉ
PRIEMER
EXPONENT
ROVNICE
ZLOMOK
GEOMETRIA

PARALELNÝ
ROVNOBEŽNÍK
KOLMÝ
MNOHOUHOLNÍK
POLOMER
OBDĹŽNIK
SÚČET
SFÉRA
SYMETRIA
TROJUHOLNÍK

22 - Sport

```
S C B C N X H V J O G G I N G Š
C Y P L T F O I Z L D J M W N P
H K L B U D F Y W E L V A P I O
O L P V B G Ý E X T N I X W Č R
P I I J Ý M K T A N E C I D E T
N S K Z K Ž C C P X C H M P R O
O T V R L E I V A R D Z A R T V
S I T S O K L V R E F F L O S E
Ť K B D Z C O N A N C H I G R C
S A A R I D B Y E É X N Z R W Z
D V I D H É A A O R Y C O A R M
N X A W H S T W S T Y I V M A N
C R T L X I E A P V L E A J A T
X N W T Y L M H G V L Ľ Ť B K C
T S K U T A V Y T R V A L O S Ť
D A Z A V Š P O R T O V É W F F
```

ŠPORTOVEC

SCHOPNOSŤ

TELO

CYKLISTIKA

TANEC

DIÉTA

VYTRVALOSŤ

TRÉNER

STREČING

SILA

JOGGING

MAXIMALIZOVAŤ

METABOLICKÝ

SVALY

VÝŽIVA

CIEĽ

KOSTI

PROGRAM

ZDRAVIE

ŠPORTOVÉ

23 - Mythologie

```
T  L  A  B  Y  R  I  N  T  K  S  S  K  R  S  E
H  V  S  M  R  T  E  Ľ  N  Ý  P  F  A  H  D  I
A  U  O  D  F  E  I  B  H  A  R  Ú  T  L  U  K
N  R  P  R  H  T  F  I  W  Z  Á  K  A  B  Z  D
H  D  B  B  B  R  V  W  J  J  V  K  S  E  L  B
X  C  Z  O  T  A  D  T  X  F  A  S  T  B  W  M
L  P  I  K  B  L  B  I  Z  M  N  R  R  K  Y  H
C  Y  P  W  I  I  A  V  N  K  I  K  O  E  M  R
L  T  K  D  D  S  Y  H  E  A  E  K  F  I  L  D
O  E  T  V  O  R  O  Y  B  B  T  Í  A  P  V  I
B  H  G  N  E  S  M  R  T  E  Ľ  N  O  S  Ť  N
W  C  W  E  P  R  Í  Š  E  R  A  V  G  Z  C  K
H  R  O  M  N  H  A  I  A  O  T  O  N  P  Z  A
W  A  A  D  N  D  Z  P  H  X  A  J  Z  F  M  N
P  O  M  S  T  A  A  W  X  D  Y  O  Z  U  N  K
Ž  I  A  R  L  I  V  O  S  Ť  K  B  R  Y  Z  O
```

ARCHETYP	HRDINA
KATASTROFA	NESMRTEĽNOSŤ
SPRÁVANIE	ŽIARLIVOSŤ
TVORBA	LABYRINT
TVOR	LEGENDA
KULTÚRA	PRÍŠERA
BLESK	SMRTEĽNÝ
SILA	HROM
BOJOVNÍK	POMSTA
HRDINKA	

24 - Restaurant #2

```
A K V E I L O P A H V C U M F N
N G S I L V G K Í N Š A Č E H A
R Y B Y D A Ľ Z N D Z D J O R W
O E M T K L F C D E B O T C C W
X V H L M E I K L R V V N R I E
T I O X O U B C R E Z A N C E A
G E I C K M N H A R E Č E V P T
C J H E I B K L K V S O Ľ T H R
T E J A A E O K Č C V A N I W O
Á U D N M Y R O I N X B M X U T
L Y Ž I C A E L L A H O D N Ý
A R V N G H N V O Z L C X B I A
Š Z P E L A I A T V N Á P O J H
O E O L G B E M S M B K V F A C
G J T E U M F I H H C N K Z G J
U V Y Z K H P H K M D R A R S E
```

NÁPOJ	TORTA
STOLIČKA	ĽAD
LYŽICA	ZELENINA
OBED	REZANCE
LAHODNÝ	VAJCIA
VEČERA	RYBY
VODA	ŠALÁT
KORENIE	SOĽ
VIDLICA	ČAŠNÍK
OVOCIE	POLIEVKA

25 - Beauté

```
B  H  Z  N  Y  U  M  U  U  Y  R  E  Č  U  K  Š
R  Ú  Ž  O  L  D  A  K  R  Z  T  J  W  D  K  A
J  W  U  Ž  C  I  D  A  Z  S  K  E  B  D  X  M
R  O  B  N  R  W  B  R  E  M  I  L  O  S  Ť  P
M  X  P  I  Y  B  Ž  U  L  S  R  O  H  S  Y  Ó
V  I  H  C  S  H  P  W  E  K  L  K  F  W  T  N
E  Ô  I  E  H  Z  L  N  G  W  B  T  K  E  T  C
E  L  Ň  L  G  G  H  L  A  B  R  A  F  F  G  K
L  E  R  A  Ý  K  C  I  N  E  G  O  T  O  F  O
E  N  I  C  R  P  U  U  T  Č  M  G  X  Z  A  Z
G  K  C  A  P  A  V  E  N  A  A  G  M  Z  B  M
A  O  H  L  A  D  K  Ý  Ý  R  K  O  J  L  Z  E
N  Ž  K  F  Y  M  Y  S  C  O  E  L  S  B  W  T
C  A  Z  V  Z  G  U  K  A  U  U  Y  M  Y  O  I
I  W  N  S  P  H  U  K  S  M  P  P  O  Y  V  K
A  T  S  I  L  Y  T  S  R  P  L  M  Y  A  L  A
```

KUČERY	MAKE-UP
ČARO	MASKARA
NOŽNICE	ZRKADLO
KOZMETIKA	VÔŇA
FARBA	KOŽA
ELEGANCIA	FOTOGENICKÝ
ELEGANTNÝ	RÚŽ
MILOSŤ	SLUŽBY
OLEJE	ŠAMPÓN
HLADKÝ	STYLISTA

26 - Avions

```
U  J  Z  Z  X  V  X  L  A  O  R  X  I  V  K  M
B  O  U  A  O  V  I  L  A  P  E  L  C  Z  O  N
V  A  K  D  Á  S  O  P  U  S  P  Y  C  D  N  E
A  U  X  G  E  I  T  Á  T  S  I  R  P  U  Š  B
V  O  D  Í  K  T  K  U  C  L  C  P  T  C  T  A
G  O  L  R  K  B  W  W  P  D  X  M  C  H  R  V
T  U  R  B  U  L  E  N  C  I  A  D  U  T  U  Ý
P  U  H  W  H  L  L  O  Y  V  L  E  F  C  K  Š
D  O  B  R  O  D  R  U  Ž  S  T  V  O  E  C  K
U  Y  F  O  E  P  I  L  O  T  U  R  M  S  I  A
B  C  S  W  S  M  V  R  T  U  L  E  O  T  A  L
E  A  K  P  U  Y  S  S  P  E  O  W  T  U  G  Z
D  Y  L  A  T  M  O  S  F  É  R  A  O  J  H  N
T  W  G  Ó  H  I  S  T  Ó  R  I  A  R  Ú  Z  D
A  O  Ť  U  N  K  Ú  F  A  N  E  E  O  C  S  Z
A  P  R  P  V  E  U  C  O  H  Y  A  R  I  E  O
```

VZDUCH	POSÁDKA
ATMOSFÉRA	NAFÚKNUŤ
PRISTÁTIE	VÝŠKA
DOBRODRUŽSTVO	VRTULE
BALÓN	HISTÓRIA
PALIVO	VODÍK
NEBA	MOTOR
KONŠTRUKCIA	CESTUJÚCI
ZOSTUP	PILOT
SMER	TURBULENCIA

27 - Aventure

```
N  I  E  Ý  O  S  L  C  R  N  W  N  Z  U  N  I
A  A  X  N  A  D  Š  E  N  I  E  O  S  E  K  T
V  V  K  Č  C  V  K  R  Á  S  A  V  L  F  T  I
I  P  U  E  N  V  A  H  P  I  C  Ý  P  K  P  N
G  O  R  P  A  O  S  R  C  E  S  T  U  J  E  E
Á  V  Z  Z  Š  Ý  V  I  P  A  V  K  E  R  P  R
C  A  I  E  R  V  G  V  Z  Í  B  Y  O  B  V  Á
I  H  A  B  R  A  D  O  S  Ť  R  C  Y  U  Z  R
A  A  C  E  F  A  M  P  B  D  R  P  P  S  H  E
Z  N  V  N  S  P  N  X  C  I  E  Ľ  J  R  S  K
D  T  H  H  C  P  R  Í  L  E  Ž  I  T  O  S  Ť
B  E  Z  P  E  Č  N  O  S  Ť  S  O  N  N  I  Č
N  E  O  B  V  Y  K  L  Ý  F  E  W  O  F  V  Y
S  T  A  T  O  Č  N  O  S  Ť  H  G  X  W  Y  L
O  B  T  I  A  Ž  N  O  S  Ť  I  R  D  W  T  F
T  T  T  P  T  B  X  R  A  Z  V  U  H  G  E  C
```

ČINNOSŤ	ITINERÁR
KRÁSA	RADOSŤ
STATOČNOSŤ	POVAHA
ŠANCA	NAVIGÁCIA
NEBEZPEČNÝ	NOVÝ
CIEĽ	PRÍLEŽITOSŤ
OBTIAŽNOSŤ	PRÍPRAVA
NADŠENIE	BEZPEČNOSŤ
EXKURZIA	PREKVAPIVÝ
NEOBVYKLÝ	CESTUJE

28 - Ville

```
K V O W Š G J J N V U Y V K U K
H N A O R T X G Z I N E K N N V
O H I Z O O A K I N I L K Í I E
T Z R Ž B O L D A V I D F H V T
E B É J N U L H I S K K A K E I
L Z L A Y I V I X Ó T I B U R N
H G A Y R L C S T W N N B P Z Á
S N G B Y P Ň A I G X O A E I R
C O R W I V E E X V R K N C T S
M A W A M H R T R Z O S K T A T
B V C U K M Á T T Á R I A V J V
M V B H N Z K C V S K T G O V O
T Y I X G W E S D M U E Z Ú M C
B G A C X A L O K Š H L P C O D
E V F V E R E Š T A U R Á C I A
S U P E R M A R K E T E T A R I Z K
```

LETISKO	KNÍHKUPECTVO
BANKA	TRH
KNIŽNICA	MÚZEUM
PEKÁREŇ	LEKÁREŇ
KINO	REŠTAURÁCIA
KLINIKA	ŠTADIÓN
ŠKOLA	SUPERMARKET
KVETINÁRSTVO	DIVADLO
GALÉRIA	UNIVERZITA
HOTEL	ZOO

29 - Ingénierie

```
P  U  E  I  N  A  R  E  M  B  T  J  K  T  F  S
Á  H  Š  M  A  I  C  K  U  R  T  Š  N  O  K  T
K  O  T  H  F  K  A  L  K  U  L  Á  C  I  A  A
Y  L  R  O  T  I  I  Z  K  S  S  S  U  X  K  B
T  N  U  S  A  P  C  N  S  H  M  I  V  L  B  I
Z  M  K  I  I  J  Á  M  O  T  O  R  L  T  Ĺ  L
W  N  T  E  C  C  T  A  E  I  W  N  E  A  H  I
R  N  Ú  T  Ú  E  O  R  D  N  N  I  V  N  G  T
K  S  R  K  B  B  R  G  B  O  E  G  T  U  B  A
Y  N  A  K  I  O  I  A  H  H  M  R  Y  D  S  X
V  U  J  O  R  T  S  I  X  O  A  J  G  U  M  V
X  X  K  B  T  U  V  D  A  P  J  Z  P  I  A  T
P  N  E  L  S  K  V  A  P  A  L  I  N  A  A  C
S  K  N  U  I  P  R  I  E  M  E  R  X  K  R  G
H  T  O  E  D  D  R  U  P  P  Y  J  A  X  M  B
V  J  Y  M  R  H  H  Y  Y  Y  G  H  V  E  J  W
```

UHOL	PÁKY
OS	KVAPALINA
KALKULÁCIA	STROJ
KONŠTRUKCIA	MERANIE
DIAGRAM	MOTOR
PRIEMER	HĹBKA
NAFTA	POHON
DISTRIBÚCIA	ROTÁCIA
ENERGIA	STABILITA
SILA	ŠTRUKTÚRA

30 - Énergie

```
E  S  J  Z  Z  R  T  U  R  B  Í  N  A  C  L  L
I  L  L  M  O  T  O  R  I  D  X  W  D  W  Y  A
N  S  E  N  U  H  L  Í  K  Í  D  O  V  B  C  C
E  Ý  H  K  K  L  P  P  R  I  E  M  Y  S  E  L
T  N  G  H  T  O  E  J  A  D  R  O  V  Ý  I  V
S  Ľ  H  N  Ó  R  T  K  E  L  E  Z  L  B  T  I
I  E  I  W  Z  E  I  D  E  R  T  S  O  R  P  E
Č  T  N  C  R  O  D  C  F  O  T  Ó  N  J  J  T
E  I  A  T  F  A  N  F  K  N  R  M  Í  K  R  O
N  V  S  I  R  S  R  Z  P  Ý  W  K  Z  J  V  R
Z  O  J  G  I  O  V  I  L  A  P  H  N  H  U  W
F  N  Y  Z  W  M  P  E  V  L  H  R  E  D  H  L
R  B  S  D  P  G  H  I  Y  O  G  K  B  I  U  G
G  O  Y  K  Z  S  S  N  A  I  R  É  T  A  B  O
T  D  T  A  G  U  C  G  I  W  E  Y  A  M  Z  K
D  U  I  E  G  W  A  H  E  R  R  O  E  W  E  V
```

BATÉRIA	VODÍK
UHLÍK	PRIEMYSEL
PALIVO	MOTOR
TEPLO	JADROVÝ
NAFTA	FOTÓN
ENTROPIA	ZNEČISTENIE
PROSTREDIE	OBNOVITEĽNÝ
BENZÍN	SLNKO
ELEKTRICKÝ	TURBÍNA
ELEKTRÓN	VIETOR

31 - Cuisine

```
A S G U A E N M R G B X M T B S
E N G M D Ž B Á N Z Á S T E R A
A C V Y A I E A U O E E V Ž A K
M Z E I N E R O K N H M F O J X
Y G C I D M I S K A P U Z N Z Z
I Y I L O L D E J U X W B G C D
C F Ž N B I I C U S J M K K S Z
H X Y A D R I Č D Y F R S R A A
L R L B E G F H K K R R Ú R A K
A F R E R M E D O Y A Z Y F T U
D O U R Á H O P S K R N Z V F S
N W U A X I J G Ú Č E G V V F Y
I O A Č H D J T R I C W W I X J
Č F T K E N T G B L E N O E C R
K H U A C N F G O A P A S N T A
A K Č I N Z A R M P T L H A K B
```

PALIČKY	VIDLIČKY
MISKA	GRIL
KANVICA	NABERAČKA
MRAZNIČKA	JEDLO
NOŽE	JAR
DŽBÁN	RECEPT
LYŽICE	CHLADNIČKA
KORENIE	OBRÚSOK
HUBKA	ZÁSTERA
RÚRA	POHÁR

32 - Corps Humain

```
Ú O H H W G Z A E B M J P Y Č O
W S H O L J R L A K E Ř R I E S
N W T F H J A E D R E K S K Ľ R
S O I A K W M J A K I U T F U D
Y O E K E P E C R Á V T C X S C
J W R U H J N A B R G A Č H Ť E
D Z L R E L O E I P J D L H O C
K N C M V Y A P W E J Y E R V U
U T X F F F L V J R J M N Z M C
Y B K O L E N O A Y J J O Z R Y
Z O O T T Y R U C L Y A K N O N
G H D U P K K W G M Z A J U W O
S W Ú D K W R J W K O O Z I T S
P C L O G A V P G O H K V G U C
H D A T P I D V Z Ž Y E U U M Y
Y O Ž M O Z O G I A J X U J F T
```

ÚSTA	PERY
MOZOG	RUKA
ČLENOK	ČEĽUSŤ
KRK	BRADA
LAKEŤ	NOS
SRDCE	UCHO
PRST	KOŽA
ŽALÚDOK	KRV
RAMENO	HLAVA
KOLENO	TVÁR

33 - Biologie

```
P  T  F  Z  B  H  B  K  O  I  E  V  A  B  N  O
F  R  E  J  B  N  G  O  R  A  W  Ý  I  I  P  H
O  A  I  C  Á  T  U  M  J  A  C  V  S  U  P  D
T  S  R  R  P  U  F  Y  K  F  D  O  P  F  F  N
O  Y  É  D  O  H  O  R  M  Ó  N  J  A  L  L  B
S  M  T  X  Y  D  A  K  N  U  B  V  N  F  A  G
Y  B  K  M  R  F  Z  C  N  E  R  V  Y  A  P  Z
N  I  A  J  B  J  Ó  E  T  W  C  F  S  T  R  B
T  Ó  B  N  M  U  M  V  N  M  H  O  L  U  O  M
É  Z  G  U  E  E  S  A  Ó  Ý  R  Y  V  Z  T  K
Z  A  R  I  M  M  O  C  R  V  O  B  T  R  E  O
A  I  X  C  E  G  G  I  U  X  M  C  P  F  Í  L
H  D  P  H  O  B  W  C  E  R  O  Ý  V  P  N  A
A  N  A  T  Ó  M  I  A  N  N  Z  J  Z  H  R  G
H  S  N  U  B  E  R  P  I  E  Ó  N  J  N  U  É
F  C  G  P  L  C  R  G  G  L  M  H  X  H  E  N
```

ANATÓMIA	MUTÁCIA
BAKTÉRIE	PRIRODZENÝ
BUNKA	NERV
CHROMOZÓM	NEURÓN
KOLAGÉN	OSMÓZA
EMBRYO	FOTOSYNTÉZA
ENZÝM	PROTEÍN
VÝVOJ	PLAZ
HORMÓN	SYMBIÓZA
CICAVEC	SYNAPSIA

34 - Agronomie

```
I  V  H  O  Z  P  M  H  E  Z  U  U  V  G  J  E
D  Z  I  L  O  K  P  W  A  I  G  Ó  L  O  K  E
E  T  C  D  V  R  K  G  B  W  K  J  O  L  H  V
N  J  F  E  I  H  P  R  O  S  T  R  E  D  I  E
T  X  S  J  J  E  Y  F  R  Z  E  R  Ó  Z  I  A
I  Š  F  X  O  T  C  I  Ý  N  V  C  B  B  B  P
F  S  T  F  N  F  O  K  V  E  Ý  H  P  F  P  Ô
I  C  E  U  H  U  C  Y  Y  Č  S  O  Y  Y  U  D
K  D  O  M  D  L  B  U  I  I  K  R  K  W  D  A
Á  M  G  O  E  O  K  R  L  S  U  O  Y  I  I  D
C  V  E  D  A  N  V  C  D  T  M  B  M  B  R  O
I  S  R  D  U  Y  Á  A  A  E  S  Y  É  I  A  V
A  I  G  R  E  N  E  O  Ť  N  A  V  T  D  S  D
Z  E  L  E  N  I  N  A  C  I  R  A  S  T  F  E
Y  L  B  O  B  E  E  Z  X  E  N  U  Y  C  N  U
W  T  V  U  Z  U  M  H  N  X  A  K  S  C  T  L
```

RAST	ZELENINA
VODA	CHOROBY
HNOJIVO	JEDLO
PROSTREDIE	ZNEČISTENIE
EKOLÓGIA	VÝROBA
ENERGIA	VÝSKUM
ERÓZIA	VIDIECKY
ŠTUDOVAŤ	VEDA
SEMENÁ	PÔDA
IDENTIFIKÁCIA	SYSTÉMY

35 - Science

```
O R G A N I Z M U S L D K T L F
N B H C C I V K A Y H V E L W D
V E D E C K L Í M A D Ó T E M L
Č A S T I C E Z Ó Z E G F N W F
P K O Y S T I K T L Y B S U H K
K J I L E E I N A V O R O Z O P
M F T Á C H E M I C K Ý F Z A H
P C D R L A B O R A T Ó R I U M
E W E E C Z V K F V Y I G C T H
K H F N J W U Y C Ú Ý F A F H Y
F Y Z I K A U S L T D V A T D P
T K Y M F O S Í L N E A O K L O
G R A V I T Á C I A E B J J T T
A P O V A H A V N I W R P E W É
P D E X P E R I M E N T A M K Z
F Y Z C W M O L E K U L Y M J A
```

ATÓM   LABORATÓRIUM
CHEMICKÝ   METÓDA
KLÍMA   MINERÁLY
ÚDAJE   MOLEKULY
EXPERIMENT   POVAHA
VÝVOJ   POZOROVANIE
FAKT   ORGANIZMUS
FOSÍLNE   ČASTICE
GRAVITÁCIA   FYZIKA
HYPOTÉZA   VEDEC

36 - Vêtements

```
J  A  U  S  Š  L  E  L  Á  D  N  A  S  C  F  O
R  I  F  U  A  W  C  P  E  Ž  P  A  S  V  B
Z  R  M  K  T  W  Z  P  O  M  X  Í  K  O  J  N
P  V  Ó  Ň  Y  Z  W  B  N  Z  H  V  N  R  B  P
E  X  D  A  K  Z  Ú  L  B  P  Á  S  Á  S  S  L
N  R  A  Ľ  E  Š  O  K  C  B  K  V  P  D  Y  Á
A  I  R  O  W  J  Z  T  P  M  G  W  O  Y  W  Š
Y  A  E  R  U  R  V  V  V  T  W  M  T  S  S  Ť
N  B  T  M  U  N  O  H  A  V  I  C  E  D  U  A
G  K  S  R  G  K  Í  N  L  E  D  R  H  Á  N  B
V  W  Á  K  O  M  A  R  Á  N  Š  Á  L  S  D  A
M  A  Z  R  L  B  Z  V  W  B  Z  M  B  V  K  X
B  I  M  A  U  W  J  U  I  O  E  A  Y  E  C  Y
K  L  O  B  Ú  K  O  R  V  C  H  Ž  U  T  K  R
B  U  N  D  A  F  E  A  N  H  E  Y  F  E  Y  T
O  W  B  K  B  L  R  K  O  C  J  P  V  R  K  W
```

NÁRAMOK	SUKŇA
PÁS	PLÁŠŤ
KLOBÚK	MÓDA
TOPÁNKA	NOHAVICE
KOŠEĽA	SVETER
BLÚZKA	PYŽAMÁ
NÁHRDELNÍK	ŠATY
ŠÁL	SANDÁLE
RUKAVICE	ZÁSTERA
DŽÍNSY	BUNDA

37 - Méditation

```
E O P R I J A T I E Ý G Y M D S
M M Z T R M D P P B O J W D J O
I J Ó R B T O Ý V Ď A Č N O S Ť
E H W C O V E P C P O K O J N Ý
R D H M I S R C L H T I C H O A
B W E W X E A K O F A B D U H V
S O T J A S N O S Ť Y N O J L Í
O E I N A V O R O Z O P I U D T
W T C P O Z O R N O S Ť T E V K
D I Ú Y N L Á T N E M O E N C E
L Á S K A V O S Ť I D U B E R P
V I L Y D H R B K F P F F L K S
M I J V J I A N S T O R B T L R
R I W Á W E E V F Z H R H T J E
D R E N Y H Y M O X Y R U E T P
U M Y S E Ľ X I I P B O B K N B
```

PRIJATIE
POZORNOSŤ
POKOJNÝ
JASNOSŤ
SÚCIT
MYSEĽ
EMÓCIE
PREBUDIŤ
LÁSKAVOSŤ
VĎAČNOSŤ

NÁVYKY
MENTÁLNY
POHYB
HUDBA
POVAHA
POZOROVANIE
MIER
PERSPEKTÍVA
DÝCHANIE
TICHO

38 - Littérature

```
D  S  T  R  A  G  É  D  I  A  B  A  U  T  O  R
W  I  A  N  A  L  Ó  G  I  A  Á  V  U  B  Ž  E
C  P  A  T  O  D  K  E  N  A  S  U  D  F  I  V
I  O  R  L  N  Ý  K  C  I  T  E  O  P  S  V  Á
H  P  Y  D  Ó  W  M  B  N  R  Ň  M  A  J  O  Z
P  G  N  N  A  G  E  E  V  G  Y  C  U  R  T  X
A  N  I  M  H  A  W  L  J  T  É  M  A  O  O  Z
S  N  F  A  X  M  I  E  O  O  M  J  V  M  P  U
F  S  A  P  S  U  M  T  Y  R  G  Y  T  Á  I  A
C  E  S  L  J  Y  A  R  Z  C  D  D  V  N  S  H
R  R  L  Z  Ý  Z  T  I  M  E  T  A  F  O  R  A
C  Ý  O  J  R  Z  S  A  Y  V  Z  F  W  O  G  Z
R  M  O  X  V  R  A  R  O  Z  P  R  Á  V  A  Č
P  O  R  O  V  N  A  N  I  E  T  W  I  F  Y  Y
Y  R  R  H  K  P  R  S  T  Š  T  Ý  L  F  L  L
V  I  A  Z  Y  S  H  A  V  B  N  A  C  D  D  O
```

ANALÓGIA	METAFORA
ANALÝZA	ROZPRÁVAČ
ANEKDOTA	BÁSEŇ
AUTOR	POETICKÝ
ŽIVOTOPIS	RÝM
POROVNANIE	ROMÁN
ZÁVER	RYTMUS
POPIS	ŠTÝL
DIALÓG	TÉMA
BELETRIA	TRAGÉDIA

39 - Nourriture #1

```
N T N G F Z K R S O Ľ T L K Y N
S L T E I Y V V U P S T B Á E Š
L G C C Y L A C I R O K Š V B Ť
A Ň K H I P K W M S I H A A A A
C E S N A K A V V H X R Š D Z V
Z M L P L V Š A L Á T U P O A A
M Č L N B U K E R K V Š E H L F
J A T I X K F R X T W K N A K S
F J T A E K M O M U U A Á J A A
B A H C U K H K Y I B N T O M C
F V X R F Z O U O L Z O I E U M
Z H U J X X E C W P K E J A H Ä
C I T R Ó N H J K P T R O B K S
C I B U Ľ A K V E I L O P T S O
Y X S C C S R Z C K G J S F D N
H F M K H A S H E F X S E D O K
```

CESNAK	KVAKA
BAZALKA	CIBUĽA
KÁVA	JAČMEŇ
ŠKORICA	HRUŠKA
MRKVA	ŠALÁT
CITRÓN	SOĽ
ŠPENÁT	POLIEVKA
JAHODA	CUKOR
ŠŤAVA	TUNIAK
MLIEKO	MÄSO

40 - Jours et Mois

```
O U Z J M G M I K N K A T A O L
S R K Y A C E X W J A U Ý W E H
D E K O R C S Y S A L G Ž R T M
E B P T E H I N Z E E U D V N O
L M M T C Z A E M M N S E O U A
D E J Z E L C E J O D T Ň H X Z
K V M A U M V J B O Á G X Y C U
D O R U N G B U L A R N W F M T
R N I B D U J E W D H Y K A U Y
L U R J L O Á O R E R P O L Y P
J Ú N B I A H R A R R I L Í H V
N E D E Ľ A X O K T Ó B E R J X
P I A T O K J Ú L S O U D P L V
F E B R U Á R M J M X B N A P W
O I K G W Y W W X F C X O G I L
Š T V R T O K O R O T U P S Y A
```

AUGUST   UTOROK
APRÍL   MAREC
KALENDÁR   STREDA
NEDEĽA   MESIAC
FEBRUÁR   NOVEMBER
JANUÁR   OKTÓBER
ŠTVRTOK   SOBOTA
JÚL   TÝŽDEŇ
JÚN   SEPTEMBER
PONDELOK   PIATOK

41 - Jardinage

```
K M S K D O O E P S S K G Y V T
É L D E J J T K G U J F K H T B
Ť P A A M Í L K E F Y J V H M R
S K S F M E Z A G O O V E Y V V
O G R Ý V O N I T E V K T K V I
K O M P O S T Á E X O T I C K Ý
H V M W J A P V Z K U F A D P C
L X B R U E S O P J Z Š K P N R
V Í F H X N E C K L P C P J Y E
H I S E A D Ô P O E D G E I O N
H R I T C L A G Y X S S E W N J
Y F C F I B O T A N I C K Ý J A
S E S O D E S E Z Ó N N Y H N T
Y E B O A C I T Y K F E B W P N
L I S T H U R D V O D A N X K O
R X H F V V T S A B Y O K Z E K
```

BOTANICKÝ

KYTICA

KLÍMA

JEDLÉ

KOMPOST

VODA

DRUH

EXOTICKÝ

LÍSTIE

LIST

KVET

KVETINOVÝ

SEMENÁ

VLHKOSŤ

KONTAJNER

SEZÓNNY

ŠPINA

PÔDA

HADICA

SAD

42 - Entreprise

```
N  Z  B  J  U  Z  Z  D  A  R  Ú  U  R  W  X  Y
Á  A  M  E  J  Í  R  P  A  R  É  I  R  A  K  P
K  M  P  E  Z  H  X  C  K  N  G  T  A  F  S  R
L  E  P  M  N  E  Z  A  I  N  E  P  V  M  I  E
A  S  E  H  H  A  R  A  M  Z  U  V  O  K  Z  D
D  T  Z  V  Z  O  X  I  O  P  O  O  T  Z  W  A
Y  N  T  A  C  H  E  H  N  H  S  H  F  B  I  J
C  Á  R  I  M  X  Ť  S  O  N  Č  O  L  O  P  S
T  V  A  C  O  E  F  D  K  R  K  S  A  P  O  Y
T  A  Í  B  I  S  A  E  D  G  V  B  D  X  E
O  T  S  T  C  C  U  T  R  O  Z  P  O  Č  E  T
V  E  A  S  H  N  R  K  N  P  D  V  W  W  I  E
Á  Ľ  K  E  O  A  D  F  K  A  B  Z  Z  M  E  E
R  H  C  V  D  N  S  W  D  L  N  G  X  M  T  U
E  N  I  N  Y  I  X  G  A  E  S  E  D  S  S  S
Ň  R  A  I  E  F  S  S  Y  M  A  J  C  N  E  R
```

PENIAZE	EKONOMIKA
OBCHOD	FINANCIE
ROZPOČET	DANE
ÚRAD	INVESTÍCIA
KARIÉRA	TOVAR
NÁKLADY	ZISK
MENA	PRÍJEM
ZAMESTNÁVATEĽ	TRANSAKCIA
ZAMESTNANEC	TOVÁREŇ
SPOLOČNOSŤ	PREDAJ

43 - Activités

```
W T U R I S T I K A U T Ť N V R
F X M R E L A X Á C I A S Z Y E
A J R O M W F J Č I N N O S Ť M
K J C J G K T S L T M W N R U E
K E I T I Š T V O Ľ N Ý Č A S S
G E R H Z Z A Č M M A U W E L
A L M A Y K N P Í F D C R E W Á
F H V P M A E J S T O B Z I W X
E L Z P J I C A D C A S H N L I
D B T J U P K T C W K N M E Z X
M O H K Á C F A Y B H P I Š P K
B C N N Z A R B O T H R Y E J D
N O W S Z Á H R A D N Í C T V O
R Y B O L O V N K Y C H V O O V
U H Y C T K K Ú Z L O Z B P L W
M S J A U M E N I E T M M M J L
```

ČINNOSŤ	ZÁHRADNÍCTVO
UMENIE	HRY
REMESLÁ	ČÍTANIE
KEMP	VOĽNÝ ČAS
KERAMIKA	KÚZLO
LOV	OBRAZ
ZRUČNOSŤ	RYBOLOV
ŠITIE	POTEŠENIE
TANEC	TURISTIKA
ZÁUJMY	RELAXÁCIA

44 - Fleurs

```
G A R D É N I A Ľ U D N A V E L
Z K E T Š I B I M J F J K O E O
J S Y S K W G Ď Y P A W N N N R
N Á P I L U T R A Ž U R O Y X C
K R A C H B J K M T J Z V H K H
R K O R G O V Á N A E E I R V I
C O J A Z M Í N D C K L P J H D
N M P N J P U Z U I I B I P Y E
I D X L R I L C N G K M N I A
G E L S U G W V H Č E H F E A C
M S L P Z M H A H E F Y M G I I
P H Z F R U E I S N B B Y H L T
S L S G D S R R R L V H U Z A Y
M A G N Ó L I A I S X Z Z H Ľ K
L Í S T O K O E R A P Ú P A V A
Z U I S T K O P F K Y P H Z D S
```

KYTICA	ORCHIDEA
GARDÉNIA	MAK
IBIŠTEK	LÍSTOK
JAZMÍN	PÚPAVA
NARCIS	PIVONKA
LEVANDUĽA	PLUMERIA
ORGOVÁN	RUŽA
ĽALIA	SLNEČNICA
MAGNÓLIA	ĎATELINA
SEDMOKRÁSKA	TULIPÁN

45 - Nourriture #2

```
P W G L A F P H G H B R T Č J Č
M G T E X L K Š U U G Y O E X O
R A K N U Š Y M E B E Ž H R B K
A R N P O B E I V N A A M E R O
Z U T D H C A F A Á I H D Š O L
T K O K L B A J J Ž W C O Ň K Á
Y T G T W E N U E A G H A A O D
A C N Z K I V I C L S R E W L A
T H A E K Z T B B K I O M J I K
H U M L U M G J G A M Z R T C J
R L D E U E L E P B H N J C A A
O T C R C H L I E B K O F K K D
B A N Á N K S G W F R Y B Y D A
U Z E U G O C M U D V I G L T R
N R P R T P B P M N N V Z N E A
B A B I W Y K L L B R M P Z F P
```

MANDLE
BAKLAŽÁN
BANÁN
PŠENICA
BROKOLICA
ČEREŠŇA
ZELER
HUBA
ČOKOLÁDA
ŠUNKA

KIVI
MANGO
VAJEC
CHLIEB
RYBY
JABLKO
KURA
HROZNO
RYŽA
PARADAJKA

46 - Algèbre

```
S O Č Z D O D Č Í T A N I E O J
X R Í N J I B P P R V J V I Y F
M J S J I E A G Y N R Á E N I L
N V L D S W D G U A M J W E C U
Y F O H X E G N R U Y V R Š M Y
E X P O N E N T O A E P V E A P
Ý Z X A N U L A T D M J K I T R
N W Á T R Y O T K A U Z W R I O
Č B Z T P T P F A F M Š D F C B
E C I N V O R X F N G I I T A L
N E M Z O O V T S Ž O N M Ť C É
O R J R J W R P R E M E N N Ý M
K O L H I I T K Z L O M O K I U
E Z K Ý N Š O L A F B Y X E F R
N V F E A L A E C G S O T F M A
A F F V D D F J P G R A F J L E
```

DIAGRAM	MATICA
EXPONENT	ČÍSLO
ROVNICE	ZÁTVORKA
FAKTOR	PROBLÉM
FALOŠNÝ	MNOŽSTVO
VZOREC	ZJEDNODUŠIŤ
ZLOMOK	RIEŠENIE
GRAF	ODČÍTANIE
NEKONEČNÝ	PREMENNÝ
LINEÁRNY	NULA

47 - Océan

```
K A I N U T E X B P M J L R O W
O Z U W K C Y V Ú K R L O Y J J
R E E O J O V C R N O Í Ď B B V
Y V L N Y U W Z K Y H H L Y W J
T V A Z Ú D E M A L Ú H U I S S
N L C U S T R I C E F R S B V G
A Y I N U R U L U S E R M S K O
Č B N K Í S P D U O Y R X J M A
K H T O Y F Z K I Ľ D D H Z U B
A R O R U H L R K N D Z J K W Y
D A B A R K M E J Z I P R L R R
G K O L A R Ž V D C L R H G E Ľ
H U H O H I B E H T J R X X M E
I O C V Z K X T N G L D W W L V
A E R G F A R Y Y Ú T E S K C N
I C X K D U I A O R O L M E R T
```

ÚHOR	MEDÚZA
VEĽRYBA	RYBY
LOĎ	CHOBOTNICA
KORALOV	ŽRALOK
KRAB	ÚTES
KREVETY	SOĽ
DELFÍN	BÚRKA
HUBKA	TUNIAK
USTRICE	KORYTNAČKA
PRÍLIV	VLNY

48 - Antiquités

```
A B E X C K G N E O B V Y K L Ý
U H A I E X I A L K G F D O Ý R
K F C U N P R X L F H D E T T A
C T P O A G P G X É I S R Y Š T
I H V H S N L I O Z R E A B U S
A A U T E N T I C K Ý I L Á W B
O B R A Z Y H I E Y W N A N K A
I N V E S T Í C I A G E J J C R
E L E G A N T N Ý U H M M N O W
C H I M O B N O V A F U E M N J
N A O M M Y N V Í T A R O K E D
I M C D F P M F E I Č O R O T S
M V G O N A X J U L L F U K Z V
A J V P U O L Z D A T D K Z V G
Š P E R K Y T S V V R X K O X I
A W Z N K C L A R K T F S D G L
```

UMENIE
AUTENTICKÝ
ŠPERKY
DEKORATÍVNY
AUKCIA
ELEGANTNÝ
GALÉRIA
NEOBVYKLÝ
INVESTÍCIA
NÁBYTOK

OBRAZY
MINCE
CENA
KVALITA
OBNOVA
SOCHA
STOROČIE
ŠTÝL
HODNOTA
STARÝ

49 - Boxe

```
B B O D Y Y J R R E P Ú S L G O
O O P Ť O B V T U N K Z R C S B
Y L J S F E S B K O M W P Ú Z N
V E N O D L V Ť A R E M A Z T O
L T P N V L N G V G C V C Z X V
G T V Č Á N A L I B L J D D O E
D Y V U R Í V C A O A O R U N
L B Y R H J F K E A Z I H Ý Z I
P L S Z M E G T B W H N Z C W E
V Y Č E R P A N Ý C J E O H S Y
B F C O M X H L H J S N R L N N
K K P N V E G A D C B A R Y W C
O R D G G H D K S M V R L W N W
P A M L D V D E R S K Z A L I S
J M M G N D V Ť S Ä P O V D E V
R K A A I I X H F T H E M O A M
```

SÚPER
ROZHODCA
ZRANENIA
BELL
RÚT
BOJOVNÍK
ZRUČNOSŤ
ZAMERAŤ
LANÁ
TELO

LAKEŤ
KOP
VYČERPANÝ
SILA
RUKAVICE
BRADA
PÄSŤ
BODY
RÝCHLY
OBNOVENIE

50 - Réchauffement Climatique

```
P  R  I  E  M  Y  S  E  L  E  N  G  G  O  J  V
K  C  M  J  F  P  F  N  I  K  F  R  B  K  W  Ý
L  D  P  A  Z  D  P  T  Y  O  D  K  Z  W  D  V
Í  W  Z  D  A  V  Í  T  A  L  S  I  G  E  L  O
M  U  M  Ú  Z  A  R  E  T  O  P  S  E  I  D  J
A  K  H  A  Í  O  S  O  O  G  O  A  N  C  S  T
Ť  S  O  N  R  O  Z  O  P  I  T  R  E  Á  H  E
P  V  M  P  K  H  I  L  V  C  O  K  R  R  Ť  P
Z  O  A  F  F  X  L  B  K  K  I  T  G  E  S  L
D  A  P  F  D  P  S  C  B  Ý  B  I  I  N  O  O
G  S  K  U  X  U  F  V  E  B  V  C  A  E  N  T
H  J  C  F  L  I  X  R  A  I  L  K  L  G  C  Y
P  U  U  O  E  Á  A  D  M  R  J  Ý  C  S  Ú  H
L  Y  F  T  J  J  C  E  D  E  V  V  L  Á  D  A
Ý  N  D  O  R  Á  N  I  Z  D  E  M  U  H  U  M
P  D  D  H  F  R  G  L  E  X  S  O  K  B  B  R
```

ARKTICKÝ	GENERÁCIE
POZORNOSŤ	VLÁDA
KLÍMA	BIOTOP
KRÍZA	PRIEMYSEL
VÝVOJ	MEDZINÁRODNÝ
ÚDAJE	LEGISLATÍVA
EKOLOGICKÝ	TERAZ
ENERGIA	POPULÁCIE
BUDÚCNOSŤ	VEDEC
PLYN	TEPLOTY

51 - Ballet

```
E  P  I  C  Í  N  Č  E  N  A  T  M  L  Y  G  K
U  L  L  X  H  H  Y  M  Y  P  R  N  H  Y  V  Š
E  E  C  D  A  O  O  R  C  H  E  S  T  E  R  T
S  V  F  K  P  P  R  Z  Z  S  U  I  D  R  S  Ý
G  H  U  D  B  A  Y  E  H  R  K  A  N  G  V  L
S  E  Ť  X  C  I  H  V  O  Y  D  Ú  O  K  A  Z
K  K  S  E  L  T  O  P  G  G  W  N  Š  D  L  E
L  P  O  T  H  K  U  Y  X  M  R  S  H  K  Y  X
A  Ô  N  Ý  O  A  N  Í  R  E  L  A  B  A  A  P
D  V  Č  K  W  J  C  C  S  Ó  L  O  F  K  Y  R
A  A  U  C  I  N  T  E  N  Z  I  T  A  I  W  E
T  B  R  E  C  W  E  M  K  R  B  M  A  N  A  S
E  N  Z  L  T  I  R  L  K  O  W  J  U  H  W  Í
Ľ  Ý  I  E  P  U  B  L  I  K  U  M  Z  C  A  V
R  Y  T  M  U  S  F  U  T  U  U  M  Y  E  E  N
K  O  W  U  D  B  E  T  H  J  D  S  A  T  U  Y
```

POTLESK	INTENZITA
UMELECKÝ	SVALY
BALERÍNA	HUDBA
CHOREOGRAFIA	ORCHESTER
ZRUČNOSŤ	PUBLIKUM
SKLADATEĽ	SKÚŠKA
TANEČNÍCI	RYTMUS
EXPRESÍVNY	SÓLO
GESTO	ŠTÝL
PÔVABNÝ	TECHNIKA

52 - Fruit

```
I  J  A  B  J  N  V  K  L  K  D  W  W  B  H  E
G  U  A  V  A  A  E  U  O  B  V  O  I  V  D  P
K  F  V  Y  G  C  B  A  D  W  Z  D  Y  W  L  V
E  M  B  J  I  L  W  L  Á  C  U  F  H  J  H  H
T  O  A  P  F  H  H  M  K  P  A  P  Á  J  A  R
M  R  Ň  L  K  V  A  N  O  O  O  S  A  K  Ň  U
A  A  Y  I  I  V  I  K  V  V  X  L  U  U  Š  Š
R  N  K  M  C  N  Á  N  A  B  M  I  N  H  E  K
H  Ž  S  J  I  Ó  A  V  B  W  J  V  H  I  R  A
U  O  O  M  T  L  O  W  T  Y  N  K  W  O  E  K
L  V  R  A  R  E  L  U  B  O  B  A  D  P  Č  L
E  Ý  B  N  Ó  M  Y  G  B  R  A  N  A  N  Á  S
Y  J  L  G  N  H  R  O  Z  N  O  J  U  N  D  W
B  L  D  O  W  V  Z  O  Z  T  Y  V  P  O  H  F
O  N  Y  D  N  T  F  Z  S  O  T  N  U  Y  I  F
X  R  W  F  O  R  W  T  T  H  V  W  W  P  M  M
```

MARHULE	KIVI
ANANÁS	MANGO
AVOKÁDO	MELÓN
BOBULE	ORANŽOVÝ
BANÁN	PAPÁJA
ČEREŠŇA	BROSKYŇA
CITRÓN	HRUŠKA
FIGA	JABLKO
MALINA	SLIVKA
GUAVA	HROZNO

53 - Musique

```
I  K  Á  V  E  P  S  Ú  L  A  D  L  B  C  F  N
M  U  B  L  A  N  U  I  O  N  M  B  S  F  B  C
P  O  D  S  Ý  N  O  R  R  O  U  G  K  S  V  V
R  O  L  R  K  B  Á  O  T  Y  E  Y  B  V  W  K
O  F  Á  T  C  J  A  S  U  M  T  Y  R  P  H  V
V  Ý  K  C  I  R  Y  L  T  P  X  M  A  Ý  M  B
I  N  I  U  T  F  Y  N  A  R  N  H  I  K  W  P
Z  A  Z  S  E  U  B  Z  G  D  O  T  D  C  K  G
O  H  U  P  O  P  M  E  T  U  A  J  Ó  I  K  X
V  R  M  I  P  J  A  B  P  X  C  X  L  S  Í  Ý
A  Á  G  E  H  M  N  T  K  V  E  G  E  A  N  O
Ť  V  I  V  F  N  Ó  F  O  R  K  I  M  L  B  P
M  A  J  A  I  A  B  B  M  J  L  C  W  K  O  E
I  N  V  Ť  L  G  H  T  B  H  P  J  A  V  D  R
S  I  L  A  H  A  R  M  O  N  I  C  K  Ý  U  A
X  E  F  V  W  T  W  L  P  V  W  X  T  J  H  I
```

ALBUM	LYRICKÝ
BALADA	MELÓDIA
SPIEVAŤ	MIKROFÓN
SPEVÁK	MUZIKÁL
KLASICKÝ	HUDOBNÍK
NAHRÁVANIE	OPERA
SÚLAD	POETICKÝ
HARMONICKÝ	RYTMUS
IMPROVIZOVAŤ	RYTMICKÝ
NÁSTROJ	TEMPO

54 - Météo

```
K U T S P D T D R Z E A Y L F T
A L M H U S T Ú A T O R N Á D O
R A V S O C X H F I J É R K B F
M F E R K S H A B E N F Á N X O
M O K H Z S V Ý C C B S L U A L
Y L N N C D J V F N H O O W A M
D G Á Z V B Ú R K A O M P R T I
P T K J Ú C H I K E D T X I O T
L R I Ľ A N R S L N J A M Í L K
S O R A R T O S U F T P L O P O
N P U D B K M L W C E I L S E N
B I H T Y X C E F U H U J K T Á
T C H E X T B Y K W R O T E I V
C K Y W L A W B I R W U T I M F
B Ý N J O K O P M E F E M O Z C
M H A R M X A Z J L V N C S Y Y
```

DÚHA	HURIKÁN
ATMOSFÉRA	POLÁRNY
VÁNOK	SUCHÝ
HMLA	SUCHO
POKOJNÝ	TEPLOTA
NEBA	BÚRKA
KLÍMA	HROM
ĽAD	TORNÁDO
MONZÚN	TROPICKÝ
MRAK	VIETOR

55 - L'Entreprise

```
P  S  T  L  X  U  L  F  K  J  I  Z  P  X  C  P
A  R  K  I  V  X  X  U  D  L  A  A  O  D  Y  R
S  H  O  Y  N  L  Á  B  O  L  G  M  D  F  N  Í
R  A  R  D  Y  Z  D  R  O  J  E  E  N  P  L  J
C  R  K  N  U  G  S  E  B  Z  A  S  I  X  Á  M
W  K  O  E  Á  K  I  Z  I  R  I  T  K  O  N  Y
P  R  P  R  T  K  B  U  D  C  N  A  D  O  P
N  O  A  T  I  L  A  V  K  M  Í  A  N  A  I  Ť
C  M  A  P  U  O  T  N  P  G  T  N  I  R  S  S
M  O  Ž  N  O  S  Ť  Z  N  A  S  I  E  S  E  E
R  O  Z  H  O  D  N  U  T  I  E  E  T  X  F  V
W  W  B  V  Y  N  V  Í  T  A  V  O  N  I  O  O
O  N  M  W  N  A  I  C  Á  T  N  E  Z  E  R  P
O  P  R  I  E  M  Y  S  E  L  I  B  V  E  P  M
A  N  C  V  X  K  K  R  E  A  T  Í  V  N  Y  A
K  J  E  D  N  O  T  K  Y  G  D  N  I  T  S  T
```

PODNIKANIE	PRODUKT
KREATÍVNY	PROFESIONÁLNY
ROZHODNUTIE	POKROK
ZAMESTNANIE	KVALITA
GLOBÁLNY	ZDROJE
PRIEMYSEL	PRÍJMY
INOVATÍVNY	POVESŤ
INVESTÍCIA	RIZIKÁ
MOŽNOSŤ	TRENDY
PREZENTÁCIA	JEDNOTKY

56 - Gouvernement

```
O B Č I A N S K Y S L O B O D A
N S M I K V B R D T O X X L S T
O Y N O I T Á W E X K A A O F S
N M S E T X I R M T K P I K M E
F B B P I J X F P I A J C R A N
J O C N L J F F D D Z K A K E L
M L Ť S O V I L D O V A R P S Č
B E S X P H X X S R Z Á K O N R
D I S K U S I A X Á J F O B N O
L G S M Ú C O C R N H O M Ý Á V
L T X Ť S O L S I V Á Z E N R N
T K Í N T Ä M A P B R Y D J O O
C O N L A Á S Ú D N Y P D O D S
B U X R V L T F M O W H T K N Ť
A W Z C A K O Š Z O B C U O Ý Z
O B Č I A N S T V O W E R P V B
```

OBČIANSTVO
OBČIANSKY
ÚSTAVA
DEMOKRACIA
REČ
DISKUSIA
PRÁVA
ROVNOSŤ
ŠTÁT
NEZÁVISLOSŤ

SÚDNY
SPRAVODLIVOSŤ
SLOBODA
ZÁKON
PAMÄTNÍK
NÁROD
NÁRODNÝ
POKOJNÝ
POLITIKA
SYMBOL

57 - Randonnée

```
J  E  Y  Z  P  P  L  A  P  X  X  S  F  W  M  V
T  R  V  V  E  R  S  U  W  X  D  L  D  T  A  O
K  Á  E  B  U  Í  Č  E  L  E  Y  N  B  M  P  D
P  M  E  K  S  P  O  I  G  W  C  K  U  C  A  A
T  O  J  Á  S  R  R  S  Ž  Ý  K  O  V  I  D  M
H  K  V  T  X  A  I  A  F  M  H  Ý  A  F  X  J
T  N  Z  A  H  V  E  Č  Y  Y  Y  K  R  A  P  V
A  R  T  R  H  A  N  O  D  V  W  Ž  N  A  R  R
V  F  Y  E  H  A  T  P  S  L  V  A  P  S  J  C
K  C  N  I  Y  R  Á  Y  K  X  C  Ť  A  N  Y  H
Y  L  T  V  R  T  C  U  N  A  V  E  N  Ý  O  T
N  D  Í  Z  E  T  I  M  M  U  S  N  Ú  T  E  S
K  K  M  M  B  E  A  J  F  K  U  E  L  J  D  B
F  I  T  F  A  I  X  Y  H  C  H  M  R  J  O  A
E  K  I  W  B  B  X  H  R  U  X  A  O  Z  R  D
Z  W  E  U  X  V  R  I  M  L  O  K  K  Y  H  C
```

ZVIERATÁ	VRCH
ČIŽMY	KOMÁRE
KEMP	POVAHA
MAPA	ORIENTÁCIA
KLÍMA	PARKY
VODA	KAMENE
ÚTES	PRÍPRAVA
UNAVENÝ	DIVOKÝ
ŤAŽKÝ	SLNKO
POČASIE	SUMMIT

58 - Art

```
V  I  Z  U  Á  L  N  Y  T  J  X  V  Y  E  K  S
A  L  L  Y  J  X  R  V  R  T  J  Y  Z  F  E  C
H  M  Z  J  C  Z  A  R  Ý  V  E  T  L  S  R  C
C  K  O  M  P  L  E  X  N  É  D  V  O  U  A  C
O  B  R  Á  Z  O  K  F  A  T  N  O  Ž  R  M  O
S  O  S  X  U  X  D  R  V  J  O  R  E  R  I  T
A  H  B  Y  Y  J  I  F  O  Y  D  I  N  E  C  K
Ú  A  K  R  M  K  P  J  R  G  U  Ť  I  A  K  R
P  S  E  M  A  B  T  N  I  B  C  N  E  L  Ý  X
R  P  N  O  O  Z  O  E  P  H  H  T  J  I  T  O
I  G  E  H  A  X  Y  L  Š  N  Ý  C  A  Z  S  H
M  P  Ô  V  O  D  N  Ý  N  B  O  S  O  M  S  R
N  R  B  H  E  B  A  A  I  Z  É  O  P  U  V  D
Ý  C  G  U  F  R  Z  L  E  D  G  D  R  S  Y  G
P  R  E  D  M  E  T  R  Á  Z  K  G  H  H  K  S
V  Y  K  R  E  S  L  I  Ť  N  D  N  G  X  G  V
```

KERAMICKÝ	PÔVODNÝ
KOMPLEXNÉ	OBRAZY
ZLOŽENIE	OSOBNÝ
VYTVORIŤ	POÉZIA
VYKRESLIŤ	SOCHA
VÝRAZ	JEDNODUCHÝ
OBRÁZOK	PREDMET
ÚPRIMNÝ	SURREALIZMUS
NÁLADA	SYMBOL
INŠPIROVANÝ	VIZUÁLNY

59 - Nutrition

```
L G W M G T R D C K A L Ó R I E
S I O N A L N R Y H W T I E L I
K Z B E J P M Z V C W K É D O V
A V V Y V Á Ž E N Ý N W V I X A
K L A E Y B S Ť O D E S N E D R
Y J J L E C M U H Z V Ť N I T D
T J Y D I R A H C A S S Y C R Z
C S F V R T H C P B N O N N Á T
F U K S W N A K O R E N I E V E
B I E L K O V I N Y I T V I E K
D B N Ý V A R D Z Y N O I D N U
O M Á Č K A Y W K R E M T E I T
J E D L É R Y B O A S H A R E I
P W F Z B T O X Í N A Z M G I N
T P T A B F C H T D V W Í N L Y
P O H V G T L M I Y K W N I C N
```

HORKÝ
CHUŤ
KALÓRIE
JEDLÉ
DIÉTA
TRÁVENIE
KORENIE
VYVÁŽENÝ
KVASENIE
SACHARIDY

INGREDIENCIE
TEKUTINY
HMOTNOSŤ
BIELKOVINY
KVALITA
ZDRAVÝ
ZDRAVIE
OMÁČKA
TOXÍN
VITAMÍN

60 - Créativité

```
U Ť S O N S A J Ý K C E L E M U
E S Ý W I O Z S L I L M V N V F
J O K M Ť W L N G U L Ó E J I V
R L C A S B R F Ý P U C O A T Y
L U I S O L Z B V I Y I R V A J
I N T E N Z I T A N N E X L K
Y Y A V Č D I I Z T N Á E N I D
G L M F U O B C E U Á V P L T R
H P A D R O U O I Í T Y Ý A A Z
O B R Á Z O K P L C N D V R D C
Z P D A O Y D T A I O B O K A Y
B M U T J D F V N A P R V J M Z
P R A V O S Ť Í Y I S K C T E F
Z N I F M J M Z V E L H J R R M
G H P Ť S O V I V A T S D E R P
P R Z C P V G E J W M T X L B R
```

UMELECKÝ	PREDSTAVIVOSŤ
PRAVOSŤ	DOJEM
JASNOSŤ	INTENZITA
ZRUČNOSŤ	INTUÍCIA
DRAMATICKÝ	VYNALIEZAVÝ
VÝRAZ	POCIT
EMÓCIE	SPONTÁNNY
PLYNULOSŤ	VÍZIE
NÁPADY	VITALITA
OBRÁZOK	

61 - Science Fiction

```
E A F C R K A T I M Y U O D G R
R D Y K O H E Ň M D E T U Ý M E
V O N I K S S I A P I Ó Z K A A
L Y B L R D J F G Y O P E C I L
Ý N M O J A T R I I B I C I G I
L A C M T E V S N Ý Á A R T Ó S
E T N T K Y S G Á K V J V S L T
R É C O M J E P R C O Ý C I O I
K N I H Y W G X N I M J B R N C
E A I Z Ú L I A Y T Ó R G U H K
E L C A R O N K L S T L X T C Ý
L P K K U K V F Z A A O W U E H
E M L Y Y N M É R T X E C F T S
C A T F L S D O C N C I H N W R
S C E N Á R W P D A K C A V L B
P T L S O P P D Y F P Z E L Z D
```

ATÓMOVÁ	KNIHY
KINO	SVET
VÝBUCH	TAJOMNÝ
EXTRÉMNY	ORACLE
FANTASTICKÝ	PLANÉTA
OHEŇ	REALISTICKÝ
FUTURISTICKÝ	ROBOTY
GALAXIA	SCENÁR
ILÚZIA	TECHNOLÓGIA
IMAGINÁRNY	UTÓPIA

62 - Professions #1

```
B  B  I  J  M  A  L  M  S  J  U  T  V  K  L  B
L  K  G  Č  I  S  A  H  A  A  F  R  E  A  O  E
K  Í  R  Ó  B  T  V  T  L  T  B  É  Ľ  R  V  A
I  N  S  X  L  R  Á  K  E  L  A  N  V  T  E  K
N  Č  D  G  Z  O  E  M  K  W  N  E  Y  O  C  L
V  E  D  E  C  N  H  D  F  A  K  R  S  G  U  A
Á  N  K  K  H  Ó  I  C  I  R  Á  I  L  R  N  V
R  A  S  Í  D  M  N  A  Y  T  R  J  A  A  T  I
P  T  G  N  V  N  Š  F  D  S  O  A  N  F  T  R
W  E  V  T  I  X  T  J  O  E  P  R  E  K  G  I
G  G  C  O  C  B  A  G  H  S  U  D  C  V  K  S
D  E  J  N  K  E  L  H  U  D  O  B  N  Í  K  T
F  E  O  E  H  X  A  Y  D  N  N  W  Y  M  P  A
X  R  J  L  F  R  T  V  E  T  E  R  I  N  Á  R
Y  F  S  K  Ó  E  É  E  F  M  B  M  F  R  M  Y
H  V  U  I  U  G  R  U  P  G  Y  L  J  J  Y  W
```

VEĽVYSLANEC	GEOLÓG
ASTRONÓM	SESTRA
PRÁVNIK	LEKÁR
BANKÁR	HUDOBNÍK
KLENOTNÍK	KLAVIRISTA
KARTOGRAF	INŠTALATÉR
LOVEC	HASIČ
TANEČNÍK	PSYCHOLÓG
TRÉNER	VEDEC
EDITOR	VETERINÁR

63 - Géologie

```
M C C S V K I E A S X S L U E D
E A C V T Ľ A N I Š O L P O V K
U F R T R O F M K Y S E L I N A
H E N L Í S O F E K O R A L O V
Z A I S S K T K A Ň Y K S A J A
M M M T H P N V R O G J Y C V E
W D T K G B E W A Y O T D V J M
S S S Y H U N G I M Š I V F T I
X O O N U J I Y P X P T J F H N
Ň Z P W G F T M Y E P K Á Y V E
E T K R C D N L Á V A A G L L R
M S A X C E O Z Ó N A L E I Y Á
E R Ó Z I A K A Y U A A J S O L
R O Z T A V E N Ý U L T Z U U Y
K V Á P N I K R W P C S Í F Z F
N U Z A B X R H Z P N O R S I U
```

KYSELINA	GEJZÍR
VÁPNIK	LÁVA
JASKYŇA	MINERÁLY
KONTINENT	KAMEŇ
KORALOV	PLOŠINA
VRSTVA	KREMEŇ
KRYŠTÁLY	SOĽ
ERÓZIA	STALAKTIT
ROZTAVENÝ	SOPKA
FOSÍLNE	ZÓNA

64 - Jardin

```
H  M  B  W  D  N  S  M  D  H  J  E  T  E  T  V
M  O  O  Ž  Á  R  A  G  D  F  P  E  I  L  R  Y
N  R  J  N  B  K  D  P  W  H  V  J  B  J  A  T
U  T  V  D  K  V  V  I  I  N  P  E  L  A  M  E
K  S  W  E  A  M  V  E  U  W  T  R  Y  L  P  R
T  R  Á  V  A  C  D  L  T  W  C  X  K  D  O  A
P  O  N  W  H  H  I  B  T  W  O  T  D  F  L  S
H  A  D  I  C  A  M  A  K  Č  I  V  A  L  Í  A
X  U  W  K  G  Č  O  R  S  R  N  A  D  F  N  D
T  R  Á  V  N  I  K  H  R  I  V  A  Ô  M  A  A
P  E  R  G  K  N  S  N  J  Y  E  P  P  W  S  R
A  K  A  P  C  I  P  U  M  C  B  Ť  P  M  B  H
N  B  H  L  U  V  J  B  F  J  Z  N  X  M  L  Á
V  L  R  O  L  O  P  A  T  A  S  O  Í  X  R  Z
H  I  X  T  X  H  B  U  A  U  B  U  F  K  Y  A
U  K  Z  Z  O  R  Y  B  U  R  I  N  Y  E  I  B
```

STROM	BURINY
LAVIČKA	LOPATA
KER	TRÁVNIK
PLOT	HRABLE
RYBNÍK	PÔDA
KVET	TERASA
GARÁŽ	TRAMPOLÍNA
HOJDACIA SIEŤ	HADICA
TRÁVA	SAD
ZÁHRADA	VINIČ

65 - Santé et Bien Être #1

```
O  Y  N  Ó  M  R  O  H  O  M  K  R  K  T  M  P
U  D  N  R  N  E  Á  O  O  F  L  E  C  J  I  H
I  Y  D  U  Z  F  E  K  Z  V  I  L  T  O  Z  Z
I  M  T  H  W  L  B  Y  E  B  N  A  K  Š  Ý  V
S  C  K  X  S  E  I  V  E  L  I  X  O  S  B  V
A  E  P  R  P  X  B  Z  D  A  K  Á  Z  A  L  R
L  I  Č  B  A  K  Y  X  U  A  C  L  K  E  V
J  R  I  H  N  S  A  O  P  J  H  I  O  T  K  L
F  É  N  G  E  U  V  D  S  G  K  A  M  Í  Á  F
V  T  E  B  D  R  C  A  S  T  A  Ž  E  V  R  Y
N  K  N  F  D  Í  A  L  L  R  I  O  N  N  E  Z
H  A  A  Z  M  V  H  H  N  P  K  I  Y  Ň  H
R  B  R  G  A  M  O  H  G  P  A  C  N  S  D  T
O  T  Z  S  D  S  U  B  I  U  R  E  A  B  X  G
H  N  V  S  A  N  Í  C  I  D  E  M  X  K  E  F
B  Y  M  C  R  C  O  B  F  N  T  X  S  P  P  F
```

AKTÍVNY	MEDICÍNA
BAKTÉRIE	SVALY
ZRANENIE	KOSTI
KLINIKA	KOŽA
HLAD	LEKÁREŇ
ZLOMENINA	RELAXÁCIA
ZVYK	REFLEX
VÝŠKA	TERAPIA
HORMÓNY	LIEČBA
LEKÁR	VÍRUS

66 - Barbecues

```
O Y K J A D A R A P C Z N Y E O
V M V W G R J H W A P I T J X Y
O I M R I O B U M P C H B U G T
C D A Y I T E D Y R H O X U R Á
I E O J N E N B J I W M H I Ľ L
E R I E G L V A Z K Y Á L E F A
W I A B E I L N R A B Č F T K Š
S O Ľ Y E R L I X E W K N O Ž E
K V G C A G U N S I Č A V P H B
N U B N N A P E S Z W E P J Y B
V T R O B E D L X Y T T V S B M
X W J A N I A E T H O R Ú C I Z
R O D I N A L Z X L N G V A I J
L U E N D W H H J A G U P K C S
F Y W U H N E R M Z I I G D V X
E T S S Z E N F M M K T S M S C
```

HORÚCI	HRY
NOŽE	ZELENINA
OBED	HUDBA
VEČERA	CIBUĽA
DETI	PAPRIKA
LETO	KURA
HLAD	ŠALÁTY
RODINA	OMÁČKA
OVOCIE	SOĽ
GRIL	PARADAJKY

67 - Forêt Tropicale

```
O J X U L W S B P P Z T L O Z N
K B K L M B A K J V H O F B A B
S W O X Z Ý D O R O M O D N C Z
I A I J Y K A L B O J D W O H R
Č Z V L Ž C M A C H U R D V O E
O T F T N I N E H G O O V A V Š
T L E U U N V C I C A V C E A P
Ú Y C S K A J E C X J H W K N E
Y F B G Z T V H L E O T M U I K
K L Í M A O F O Y N N Z U Y E T
Á Y T L X B C G R M Í N C P Z O
T V M D Ž U N G L E M K Ý O M V
V K O M U N I T A F Y U Y V T A
P R E Ž I T I E V F M K T A P Ť
W M L W S V A H E J D B Z H L I
R Ô Z N O R O D O S Ť R N A F V
```

OBOJŽIVELNÍKY	MACH
BOTANICKÝ	POVAHA
KLÍMA	OBLAKY
KOMUNITA	VTÁKY
RÔZNORODOSŤ	CENNÝ
DRUH	ZACHOVANIE
DOMORODÝ	ÚTOČISKO
HMYZ	REŠPEKTOVAŤ
DŽUNGLE	OBNOVA
CICAVCE	PREŽITIE

68 - Ferme #1

```
G  J  V  P  C  U  L  D  D  R  Z  X  P  J  N  A
R  K  I  R  E  A  F  D  K  S  K  G  C  J  S  M
H  U  L  A  D  A  Z  F  T  Y  S  A  X  X  O  A
S  N  O  S  V  B  I  Z  Ó  N  O  M  Y  C  V  Č
E  H  O  A  J  R  T  M  U  S  M  S  V  C  P  K
G  K  G  J  G  B  Y  M  E  X  Á  O  E  E  G  A
J  Ô  U  O  I  M  P  Z  H  B  R  V  F  N  H  D
A  Ň  F  B  C  V  W  N  P  O  G  Č  Z  J  O  O
N  O  I  I  E  Y  O  Y  R  N  Ľ  E  D  Ŕ  K  V
V  R  A  N  A  V  A  L  P  T  O  L  P  F  I  E
K  X  R  N  V  T  E  Ľ  A  C  N  A  Ž  Y  R  H
P  H  U  Y  A  N  P  O  B  K  G  Z  J  P  E  Y
O  O  K  U  R  Z  O  M  O  S  S  O  D  E  M  E
U  I  L  W  K  T  M  H  X  J  S  K  K  S  F  K
U  A  L  E  T  W  G  T  X  S  K  U  K  F  E  N
P  S  X  F  X  R  J  F  V  Y  B  I  T  V  R  U
```

VČELA	VRANA
SOMÁR	VODA
BIZÓN	HNOJIVO
POLE	SENO
MAČKA	MED
KÔŇ	KURA
KOZA	RYŽA
PES	KŔDEĽ
PLOT	KRAVA
PRASA	TEĽA

69 - Café

```
C  I  I  J  F  F  E  K  S  R  A  P  D  N  A  Z
H  E  A  F  Ť  E  I  L  M  Á  R  Ô  K  Á  G  B
U  Y  J  Č  I  E  R  N  Y  N  X  V  R  P  F  K
Ť  W  V  L  P  O  E  I  D  O  U  O  É  O  K  X
E  F  Z  J  I  Y  T  A  W  E  N  D  M  J  W  I
M  Y  V  C  V  R  L  Y  Y  F  C  G  K  K  F  J
E  L  S  K  A  V  I  Y  L  T  U  R  Z  I  R  R
K  B  B  G  G  S  F  D  O  U  K  B  A  L  M  V
N  P  Z  Y  N  W  E  P  X  J  O  I  H  A  T  J
M  Ý  N  C  Í  P  U  B  I  K  R  Á  H  O  P  A
P  L  R  M  E  K  V  A  P  A  L  I  N  A  V  P
D  S  I  O  F  N  A  S  H  Y  U  W  R  X  O  A
K  Y  H  E  O  K  A  R  N  O  I  M  D  Y  D  E
C  K  H  Ý  K  R  O  H  Ó  G  I  C  U  U  A  L
O  M  D  W  L  O  E  M  S  M  S  P  M  M  Z  I
C  T  G  V  V  Y  G  S  O  Y  A  U  N  U  N  E
```

KYSLÝ	KVAPALINA
HORKÝ	RÁNO
ARÓMA	MLIEŤ
PIŤ	ČIERNY
NÁPOJ	PÔVOD
KOFEÍN	CENA
KRÉM	CHUŤ
VODA	CUKOR
FILTER	POHÁR
MLIEKO	

70 - Antarctique

```
V  Ý  S  K  U  M  N  Í  K  V  M  O  E  E  I  E
V  M  D  S  E  E  X  Y  V  O  R  T  S  O  V  X
I  E  I  I  O  L  J  L  X  R  I  N  I  R  O  P
L  C  D  G  T  H  P  Á  B  T  K  E  Y  F  A  E
Á  V  O  E  R  G  N  R  C  S  P  N  B  Z  V  D
Z  O  S  T  C  Á  C  E  V  O  A  I  Y  A  T  Í
I  D  K  D  S  K  C  N  I  L  I  T  R  I  Á  C
S  A  A  S  R  E  Ý  I  H  O  F  N  Ľ  F  K  I
M  Ľ  L  V  S  X  H  M  A  P  A  O  E  A  Y  A
O  F  N  H  S  P  V  U  N  H  R  K  V  R  D  T
N  S  A  A  N  R  S  T  A  R  G  P  V  G  G  O
E  G  T  M  G  R  W  R  R  V  O  D  A  O  P  L
N  X  Ý  X  M  E  S  E  H  W  P  H  H  E  B  P
S  G  J  A  Z  W  V  N  C  U  O  E  U  G  P  E
X  W  E  Z  U  J  X  P  O  S  T  W  P  D  D  T
O  F  S  X  P  R  O  S  T  R  E  D  I  E  S  K
```

ZÁLIV	ĽADOVCE
VEĽRYBY	OSTROVY
VÝSKUMNÍK	MIGRÁCIA
OCHRANA	MINERÁLY
KONTINENT	VTÁKY
VODA	POLOSTROV
PROSTREDIE	SKALNATÝ
EXPEDÍCIA	VEDECKÝ
GEOGRAFIA	TEPLOTA
ĽAD	TOPOGRAFIA

71 - Professions #2

```
Y V A G B L Z Z Y Y U F H B M Z
A Ý Ľ E T I Č U N P C O T S X Á
Z S N B D Z O A B I J T G R Y H
P K C H C L R L G Á V O X O X R
W U R M R K H V Ó M R G V T K A
F M Z I Á A J E C G V R R Á U D
Z N C A K P I L O T G A V R H N
I Í C S E G Ó L O O Z F Í T X Í
U K W Z L L T U A N O R T S A K
C H I R U R G G Y M K E K U F X
V Y N Á L E Z C A R U I E L I L
O N O A V I J P Z T W N T I L J
W O X L Y O Z M H C Z I E C O H
N O V I N Á R T T J T Ž D V Z M
K N I H O V N Í K S J N G Z O V
A W M V A T S I V G N I L K F E
```

ASTRONAUT	VYNÁLEZCA
KNIHOVNÍK	ZÁHRADNÍK
BIOLÓG	NOVINÁR
VÝSKUMNÍK	LINGVISTA
CHIRURG	LEKÁR
ZUBÁR	MALIAR
DETEKTÍV	FILOZOF
UČITEĽ	FOTOGRAF
ILUSTRÁTOR	PILOT
INŽINIER	ZOOLÓG

72 - Les Abeilles

```
P  I  K  D  P  V  X  H  Y  Z  M  M  U  R  S  Z
O  R  P  V  A  E  I  M  V  O  S  K  U  Ô  U  R
L  F  U  Y  E  X  Ľ  Y  S  L  H  M  P  Z  X  N
L  Y  H  E  K  T  Ú  Z  L  D  N  B  N  N  M  E
B  X  A  L  D  Í  R  K  N  E  Y  U  I  O  Ý  A
D  P  B  K  V  E  T  Y  K  J  O  R  V  R  N  C
Z  G  I  V  B  J  F  T  O  M  K  Z  M  O  Š  P
A  P  T  R  A  S  T  L  I  N  Y  M  Y  D  E  M
K  R  A  V  T  G  M  D  R  U  Y  É  E  O  P  L
F  Z  T  N  D  K  K  A  H  J  M  T  K  S  S  J
W  O  Á  N  V  O  Ľ  Á  R  K  L  S  R  Ť  O  B
R  V  F  H  Y  W  P  Y  M  V  H  Y  D  M  R  A
R  O  U  R  R  O  N  A  L  I  L  S  C  I  P  C
F  C  V  B  I  A  I  Y  H  N  B  O  H  A  T  E
B  I  G  G  V  T  D  O  L  G  W  K  R  I  G  N
D  E  V  W  P  K  F  A  F  N  O  E  Z  X  E  B
```

KRÍDLA   HABITAT
PROSPEŠNÝ   HMYZ
VOSK   ZÁHRADA
RÔZNORODOSŤ   MED
ROJ   JEDLO
EKOSYSTÉM   RASTLINY
KVET   PEĽ
KVETY   KRÁĽOVNÁ
OVOCIE   ÚĽ
DYM   SLNKO

73 - Santé et Bien Être #2

```
M G T R V Z H E D S L E I A V U
C A I M Ó T A N A H B L N L I O
H H S S W P Y F J U C R F E T K
W I U Á H Y G I E N A T E R A Z
A Y T Ť Ž D K U I E V E K G M V
R M S J E C E F S J I L C I Í U
U B E I R Ó L A K B Ž O I A N L
D A I G R E N E I V Ý B A S R C
M Z N T N Z P X A V V S N T Y H
I L E N E M O C N I C A T I V M
M Ý V A R D Z K R V C N S R M G
H M O T N O S Ť U W N I S S E T
O M N D E H Y D R A T Á C I A S
F A B O R O H C G E N E T I K A
I L O A S U G X D K D P N G A R
I I P F J L O T Y M D E G E T V
```

ALERGIA	INFEKCIA
ANATÓMIA	CHOROBA
CHUŤ	MASÁŽ
KALÓRIE	VÝŽIVA
TELO	HMOTNOSŤ
DEHYDRATÁCIA	OBNOVENIE
ENERGIA	ZDRAVÝ
GENETIKA	KRV
NEMOCNICA	STRES
HYGIENA	VITAMÍN

74 - Conduite

```
W W P K G E I G D V B R O T O M
P Z C R R R M A F F E Ý L G V I
L H Z C E K Z R B R Z C I D I Y
M J M A L P K Á P Z P H C O L L
Y A V U P P R Ž V Z E L E P A G
T N P L V E G A K D Č O N R P B
F U E A R Š U N V D N S C A T P
J T N P F E C X A A O Ť I V X O
M P I E V J J P E O S D A A J L
W U L D L O Z K J M Ť A K O L Í
M C E S T A M O T O C Y K E L C
P L Y N X D U L I C A D W D S I
T L S D Y O T U A S S Z P G B A
G M H O B H X O W N N R A V H H
Z W U K G E U H F B N B V P H E
O T U A É N D A L K Á N M P V U
```

NEHODA	PEŠEJ
NÁKLADNÉ AUTO	POLÍCIA
PALIVO	CESTA
MAPA	ULICA
BRZDY	BEZPEČNOSŤ
GARÁŽ	DOPRAVA
PLYN	PREPRAVA
LICENCIA	TUNEL
MOTOR	RÝCHLOSŤ
MOTOCYKEL	AUTO

75 - Plantes

```
Y  P  W  K  O  T  S  Í  L  H  G  R  O  U  V  F
M  U  K  G  A  V  Á  R  T  V  M  S  K  K  Z  M
A  O  Y  L  K  K  O  F  S  S  D  X  D  X  R  K
S  A  K  I  N  A  T  O  B  A  D  V  V  L  Ň  E
N  N  M  K  O  O  C  U  P  P  Y  E  J  F  E  R
M  E  P  B  T  R  K  E  S  T  M  J  T  A  R  S
X  V  G  X  S  Y  K  V  E  T  J  J  U  Z  O  U
B  O  B  U  L  E  M  C  Y  Y  O  V  W  U  K  B
K  I  I  O  U  R  X  R  T  D  L  T  A  Ľ  I  M
W  S  P  F  L  Ó  R  A  R  J  Í  V  O  A  V  A
P  K  W  C  M  C  D  X  P  Z  S  H  K  D  W  B
R  W  K  H  N  O  J  I  V  O  T  T  S  A  I  O
I  P  L  C  K  O  R  L  U  J  I  O  E  R  E  D
T  Y  R  A  I  C  Á  T  E  G  E  V  G  H  F  N
B  P  V  M  W  I  D  N  S  M  L  H  W  Á  W  F
B  R  E  Č  T  A  N  E  U  Y  N  R  G  Z  W  G
```

STROM	LES
BOBULE	FAZUĽA
BAMBUS	TRÁVA
BOTANIKA	ZÁHRADA
KER	BREČTAN
KAKTUS	MACH
HNOJIVO	LÍSTOK
LÍSTIE	KOREŇ
KVET	STONKA
FLÓRA	VEGETÁCIA

76 - Ferme #2

```
S L Z F A D W A W F R A M G B S
U L V U F Z U Y C A R K H S C T
Z J I K A Č I C A R Y W T W M O
Z S E I C O V O C M S A D D D D
B D R J Z A U K M Á N Y J A F O
X S A Ň H A J E R R G A E H Z L
F U T E K M V I M M Y T D P E A
A G Á P V F V L G I O O L Š L N
D S Y X V B O M A J F A O E E V
B B J A Č M E Ň B Ž R F A N N P
Y C P T M X L R D G O C M I I N
O Ľ E U R G D M P Y T V H C N S
L Ú K A C I R U K U K O A A A T
P A S T I E R Z N D A R V N Z N
I M V C V J L A M A R B T C I K
S B F Z V Y J P L J T M H O E E
```

JAHŇA	LAMA
FARMÁR	ZELENINA
ZVIERATÁ	KUKURICA
PASTIER	OVCE
PŠENICA	JEDLO
KAČICA	JAČMEŇ
OVOCIE	LÚKA
STODOLA	ÚĽ
ZAVLAŽOVANIE	TRAKTOR
MLIEKO	SAD

77 - Vacances #2

```
M  S  N  M  I  P  R  E  P  R  A  V  A  X  Z  R
R  E  O  A  Z  Í  V  M  R  R  J  T  E  M  I  E
N  E  G  P  T  R  E  Z  E  R  V  Á  C  I  E  Š
T  I  X  A  T  S  Z  P  L  G  Y  J  Z  X  H  T
I  J  G  T  N  A  A  Z  V  V  U  V  B  F  O  A
T  O  W  S  L  Č  O  P  G  A  G  F  I  F  T  U
F  Y  R  E  J  Ý  S  B  U  K  A  L  V  O  E  R
S  W  Z  C  O  N  T  L  G  N  H  M  P  K  L  Á
N  T  L  M  S  Ľ  R  F  V  E  T  L  L  S  C  C
A  L  R  Z  G  O  O  Y  M  L  W  H  Á  I  J  I
F  O  C  T  O  V  V  T  G  O  T  V  Ž  T  N  A
C  S  W  J  F  G  X  T  H  V  R  C  I  E  Ľ  D
K  E  A  O  J  T  K  L  L  O  O  E  K  L  O  D
N  U  S  B  W  R  J  C  U  D  Z  I  N  E  C  E
A  W  A  K  E  M  P  X  A  A  V  C  J  X  O  R
X  V  V  D  A  V  V  P  T  I  Y  G  A  L  G  I
```

LETISKO	PLÁŽ
KEMP	REŠTAURÁCIA
MAPA	REZERVÁCIE
CIEĽ	TAXI
CUDZINEC	STAN
HOTEL	VLAK
OSTROV	PREPRAVA
VOĽNÝ ČAS	DOVOLENKA
MORE	VÍZA
PAS	CESTA

78 - Éthique

```
F  A  I  C  N  A  R  E  L  O  T  S  B  G  G  E
I  J  S  R  Ľ  T  D  U  H  P  S  U  Ú  G  T  E
L  G  P  A  U  R  Ô  J  O  T  O  M  Z  C  K  A
O  Y  O  C  D  P  S  L  D  I  Ž  Z  B  Y  I  U
Z  M  L  I  S  E  T  Á  N  M  S  I  R  M  Z  T
O  E  U  O  T  Z  O  S  O  I  O  L  C  O  D  C
F  A  P  N  V  L  J  K  T  Z  V  A  A  S  E  X
I  L  R  A  O  I  N  A  Y  M  I  E  T  Z  N  H
A  T  Á  L  S  V  O  V  Ť  U  T  R  K  M  R  F
K  R  C  I  R  O  S  O  K  S  C  S  Z  K  Y  Y
W  U  A  T  G  S  Ť  S  X  R  O  Z  U  M  N  Ý
F  I  I  A  M  Ť  V  Ť  K  I  P  R  R  Z  L  A
O  Z  Ú  C  T  I  V  Ý  N  H  F  H  D  W  O  D
A  M  I  N  T  E  G  R  I  T  A  L  P  Ú  T  A
S  U  D  I  P  L  O  M  A  T  I  C  K  Ý  M  G
C  S  B  E  N  E  V  O  L  E  N  T  N  Ý  N  U
```

ALTRUIZMUS	OPTIMIZMUS
BENEVOLENTNÝ	TRPEZLIVOSŤ
SÚCIT	FILOZOFIA
SPOLUPRÁCA	ROZUMNÝ
DÔSTOJNOSŤ	RACIONALITA
DIPLOMATICKÝ	ÚCTIVÝ
LÁSKAVOSŤ	REALIZMUS
POCTIVOSŤ	MÚDROSŤ
ĽUDSTVO	TOLERANCIA
INTEGRITA	HODNOTY

79 - Temps

```
D H Z R B H X K W S G C N I P B
E O O P T H F N J L N B E S O U
Ň K R D E R P H J O I C V T L D
F U O I I Y N O Y D Y H C O U Ú
J T K A Č N C P A L U I W R D C
M Y S Z O I A T Y L N T T O N N
K G O J R D I J E S C R C Č I O
N D Č I Ť O S W W R X O G I E S
R A P V A H E V R E A K X E J Ť
R Á N O S M M N Á O O Z N T M O
K E V W E H N B D H Č F H Ý H X
G M H A D J I N R K N P Ž E U
T M Y R V N O C E D D O Ý D E L
F C L W R F R Z L Y H X H E R H
K G M O I X G G A R E Č V Ň W J
Y A C E I O X Y K M I N Ú T A D
```

ROK
ROČNÝ
PO
PRED
ČOSKORO
KALENDÁR
DESAŤROČIE
BUDÚCNOSŤ
HODINA
VČERA

HODINY
DEŇ
TERAZ
RÁNO
POLUDNIE
MINÚTA
MESIAC
NOC
TÝŽDEŇ
STOROČIE

80 - Maison

```
M R S D W L U S U I I V G T C Y
B E F U N M D T O L P X A C H R
Z P T U Y M N E L K B R R A J P
D E N L Z P R N D C N A Á N F O
V R R A A K T A A W J O Ž R Y I
L Z Á H R A D A K Z U N Z H M Y
X A T C P N C E R E B O K H M F
V Z M R R X A L Z S R V C V H T
E N A P I Z B A V V K K Ľ Ú Č E
C N H S A P P C Z Á C L O N Y R
K U C H Y Ň A I S T R O P N T E
I W E H O W T N V B I X N T B V
D V R F W S G Ž N P T I E N T D
P J T J I A E I V O R K D O P X
J K S Z A P P N L H I X B D A D
C F W V N K A K W S B X T I C S
```

METLA   PODKROVIE
KNIŽNICA   ZÁHRADA
IZBA   LAMPA
KRB   ZRKADLO
KĽÚČE   STENA
PLOT   STROP
KUCHYŇA   DVERE
SPRCHA   ZÁCLONY
OKNO   KOBEREC
GARÁŽ   STRECHA

81 - Légumes

```
V Š T X F L S J W Z S P V B M A
L P K J R N G F N T Á L A Š R V
J E X C F G T J S W G Z Ý G K U
P N R X R I W L A E J L V B V V
W Á O P E V L X N W H I O O A K
B T R R E Ď K O V K A A V Y R V
E A K J A D A R A P K C I A E A
K C K I P Z N Z V O T I L F L K
G I I L I X S T H L O L O I E A
A V C G A E E G R Y L O X A Z C
R K C W D Ž C R H X A K R O H U
T E I W H T Á D I E Š O E C D H
I T B F I U F N E L Ž R T E P R
Č E U A K B B T T A B B V C T A
O R Ľ R N V N A X E D F U K W C
K N A B K T L K C U N E I O S H
```

CESNAK   ŠPENÁT
ARTIČOK   ZÁZVOR
BAKLAŽÁN   KVAKA
BROKOLICA   CIBUĽA
MRKVA   OLIVOVÝ
ZELER   PETRŽLEN
HUBA   HRACH
TEKVICA   REĎKOVKA
UHORKA   ŠALÁT
ŠALOTKA   PARADAJKA

82 - Famille

```
D C U L H S S K T X M J L I M D
B E T A A K T A R B A R É C D E
V M D E W B R T H I T E D E N T
U N S K Y É Ý E D G I R Z N C S
O E T O O T K T B E E P S A G T
W T C D O K O S A L K C P R S V
P E M E T A C E V O N Y S T W O
T R A R T S E S I O X O A A F I
H D N P N M O T E C C T Z R Y S
S I Ž J K G A Ť E I D T T B A M
T T E C H A H T E B V F O R Y H
A K L E Ž N A M K T Y T J T S E
M T V T F P A M R A O B X B K Y
C V D T B A B I Č K A A L S L V
A W T Z C R R T R K W W J I U O
M X M C P A X C G N J O W D U S
```

PREDOK	MANŽEL
BRATRANEC	MATIEK
DETSTVO	MATKA
DIEŤA	SYNOVEC
DETI	NETER
MANŽELKA	STRÝKO
DCÉRA	OTCOVSKÉ
BRAT	OTEC
BABIČKA	SESTRA
DEDKO	TETA

83 - Oiseaux

```
B S V Á P C U C P T S T U K A N
O U F O P E I U J Š L C W P W L
C T P A L B U L O H T G G L M K
I A X A P A C I Č A K R T Z I P
A Y A N A R V U A R Č W O K I P
N Y C F K V U K H U V A U S U H
A V I Č W Y D A K A M J L H Z
M R B Ť U B A L E P J U J K T I
B N U J K O X K P X E W E T A W
J I L O U U C U E D C Y A U Z T
V H O F K Y I O L U G E C N F E
B W H M H E N R I B Y J T J H S
T U Č N I A K O K B D C I M O M
P A P A G Á J L Á F V K T N V G
K P E C U K G K N Y C O R R K K
V K J E A L N L E E W V R W U J
```

OROL

PŠTROS

KAČICA

BOCIAN

HOLUBICA

VRANA

KUKUČKA

LABUŤ

VOLAVKA

TUČNIAK

VRABEC

ČAJKA

VAJEC

HUS

PÁV

PAPAGÁJ

PELIKÁN

HOLUB

KURA

TUKAN

84 - Disciplines Scientifiques

```
B I O C H É M I A K I N A T O B
M E T E O R O L Ó G I A M T K O
M I N E R A L Ó G I A H J U R E
T E R M O D Y N A M I K A X A K
S O C I O L Ó G I A H A U V T O
N E U R O L Ó G I A N I A I A L
A N A T Ó M I A L W M M I A X Ó
O R A U W F Y Z I O L Ó G I A G
H Z E W F G J L M N R N Ó G K I
H U P F M Z E X D Y X O L Ó I A
R G B E U Y A O Z L K R O L N I
B I O L Ó G I A L S J T E O A M
Z O O L Ó G I A R Ó Z S H N H É
K N O X Y J A R L D G A C U C H
L I N G V I S T I K A I R M E C
P S Y C H O L Ó G I A R A I M B
```

ANATÓMIA	LINGVISTIKA
ARCHEOLÓGIA	MECHANIKA
ASTRONÓMIA	METEOROLÓGIA
BIOCHÉMIA	MINERALÓGIA
BIOLÓGIA	NEUROLÓGIA
BOTANIKA	FYZIOLÓGIA
CHÉMIA	PSYCHOLÓGIA
EKOLÓGIA	SOCIOLÓGIA
GEOLÓGIA	TERMODYNAMIKA
IMUNOLÓGIA	ZOOLÓGIA

85 - Maladie

```
S  P  C  N  C  I  H  C  C  G  C  S  B  J  U  W
N  Y  D  M  X  H  I  K  P  C  H  R  E  A  Z  E
E  W  N  X  F  E  R  L  M  X  P  D  D  J  G  L
U  T  Y  D  T  U  O  O  A  A  R  C  R  X  E  L
R  R  Ý  P  R  O  C  F  N  J  B  E  O  I  B  N
O  I  N  H  T  Ó  S  T  P  I  B  E  V  N  K  E
P  J  Č  E  M  Y  M  V  H  G  C  Ý  E  Á  O  S
A  T  I  N  U  M  I  T  E  L  O  K  J  K  S  S
T  T  D  P  E  J  K  X  I  A  J  C  Ý  A  T  G
I  E  E  Ý  S  D  E  K  G  P  R  I  N  Z  I  Z
A  R  D  J  C  R  I  A  R  Á  B  T  Š  L  H  X
Z  A  J  M  I  H  V  A  E  Z  I  E  U  I  T  Y
S  P  B  O  H  H  A  D  L  V  E  N  R  V  K  V
I  I  L  N  U  O  R  C  A  Y  Z  E  B  Ý  W  O
V  A  U  F  T  V  D  B  Í  B  X  G  F  H  M  J
J  S  L  A  B  Ý  Z  Z  L  Z  P  Ľ  Ú  C  N  Y
```

BRUŠNÝ	IMUNITA
ALERGIE	ZÁPAL
WELLNESS	BEDROVEJ
CHRONICKÝ	NEUROPATIA
NÁKAZLIVÝ	KOSTI
TELO	PĽÚCNY
SRDCE	DÝCHACÍ
SLABÝ	ZDRAVIE
GENETICKÝ	SYNDRÓM
DEDIČNÝ	TERAPIA

86 - Univers

```
A S T R O N Ó M I A A T I B R O
J T A A V H Y X T I E V Y O B
A T R S I E Z K H X M L H I U S
R C V T D M V G V G O E D H R H
U J O R I I E N B K S S I D S F
Z F N O T S R E Y Í F K N O V Y
H T L N E F O B F N É O T J F Y
M O S Ó Ľ É K A S V R P T N P L
N E R M N R R U H O A Á X D J H
E D S I Ý A U J H R I W L I D P
I U A I Z Z H N J M X U X O H C
J T I I A O K O T F A O K R S K
D I C S X C N W M T L G F E E F
P G X B Z B L T A L A K C T R E
K O Z M I C K Ý M A G D Y S X V
G L H Y R Z N E B E S K Ý A C U
```

ASTEROID	HORIZONT
ASTRONÓM	LOGITUDE
ASTRONÓMIA	MESIAC
ATMOSFÉRA	TMA
NEBESKÝ	ORBITA
NEBA	SOLÁRNY
KOZMICKÝ	SLNOVRAT
ROVNÍK	TELESKOP
GALAXIA	VIDITEĽNÝ
HEMISFÉRA	ZVEROKRUH

87 - Géographie

```
S M Z S A S B C R I H H B J R X
F E T F V V M A P A C J Y Y L K
Z S Y Y X E W P P A A K E I R R
X T S D K T M I B N W T O G I V
F O O Z T E R E G I Ó N L Z N S
A V E Á Y V P R W J Z N X A A I
R A M P F E E O Z A K J I Y S D
V C J A P B N M R R O S T R O V
K Í N D U L O P M K O X K G D Z
B O G P R O Y N Z G Z V E V E M
S E V E R W C I G P A O N C X S
T H O W B S N E I M E Z Ú Í S T
L O G I T U D E Á C K V O U K G
K O N T I N E N T N T C T I D U
H E M I S F É R A V R C H U J B
Z R J A E I F Y H E H W T V M B
```

ATLAS

MAPA

KONTINENT

ROVNÍK

RIEKA

HEMISFÉRA

OSTROV

LOGITUDE

MORE

POLUDNÍK

SVET

VRCH

SEVER

OCEÁN

ZÁPAD

KRAJINA

REGIÓN

JUH

ÚZEMIE

MESTO

88 - Bâtiments

```
E  V  V  E  Ž  A  M  L  V  S  S  T  O  Š  U  G
G  A  R  Á  Ž  M  Ú  Z  E  U  M  V  B  K  U  M
E  T  Y  B  N  O  Y  S  I  T  H  D  S  O  R  F
W  I  K  M  E  T  H  F  F  A  O  Y  E  L  G  K
P  Z  Y  Ň  E  R  Á  V  O  T  H  R  A  W  C
U  R  D  B  S  J  A  N  Í  B  A  K  V  C  C  P
I  E  G  L  D  R  D  W  A  D  L  I  A  I  A  H
O  V  D  I  E  L  Ň  A  A  G  Z  B  T  N  X  C
N  I  D  I  V  A  D  L  O  G  N  G  Ó  C  C  B
B  N  H  E  X  S  K  I  T  F  E  R  R  O  I  S
C  U  S  T  O  D  O  L  A  A  K  S  I  M  U  P
K  F  G  S  F  I  W  E  P  T  K  L  U  E  S  X
S  U  P  E  R  M  A  R  K  E  T  I  M  N  T  W
L  A  B  O  R  A  T  Ó  R  I  U  M  N  X  A  K
Š  T  A  D  I  Ó  N  U  R  S  U  M  F  O  N  R
E  E  K  B  H  T  L  S  F  D  P  V  P  Z  H  Y
```

BYT	LABORATÓRIUM
DIELŇA	MÚZEUM
KABÍNA	OBSERVATÓRIUM
HRAD	ŠTADIÓN
KINO	SUPERMARKET
ŠKOLA	STAN
GARÁŽ	DIVADLO
STODOLA	VEŽA
NEMOCNICA	UNIVERZITA
HOTEL	TOVÁREŇ

89 - Activités et Loisirs

```
P V S U R F O V A N I E T H E K
O F O O K Ý N Č A X A L E R I O
T U B L V Z J M B K X L N F N N
Á K A A E T A M P K X P I Z A Í
P L O B H J C U R A D G S M V Č
A T S Z L C B Í U W C C X R Á K
N C Y J N W X A N F U T B A L Y
I Y J E D B U Y L D B P O K P U
E X T B A S K E T B A L N E O M
T U R I S T I K A G U R R M T E
Y R Y B O L O V U X O B H P Z N
C E S T O V A N I E X L T Á M I
L Z B A U J E B U K R S F Z Z E
M C V S O Z F F P B R X L Z V G
W J O C Z O S K E I D R Z R U O
X L Y J O B R A Z J A B M V L S
```

UMENIE	OBRAZ
BEJZBAL	RYBOLOV
BASKETBAL	POTÁPANIE
BOXU	TURISTIKA
KEMP	RELAXAČNÝ
FUTBAL	SURFOVANIE
GOLF	TENIS
ZÁHRADNÍCTVO	VOLEJBAL
PLÁVANIE	CESTOVANIE
KONÍČKY	

90 - Livres

```
V Y R Y D Y Z Z P A X D M R R P
Y W X C O H V B B B G X B B K J
N P Ý D B N U V I I P P U E S L
A A N A R T S Ý Ľ E T A T I Č I
L I R T O O M N P Ý R W Z W R T
I Z O I D T T Š P K B K E X I E
E É M L R X V U Č C H E A S N R
Z O U A U E G L A I R É S K B Á
A P H U Ž T U S V R O M Á N W R
V A E D S N G Í Á O B Á S E Ň N
Ý W B V T O F R R T X V P N W Y
E D Í A V K P P S A P V F X V
M I R W O F P E Z I O L B C W A
S E P L K G L W O H N S A H M S
T R A G I C K Ý R W J G M J J L
I M W C W A I Z C L A S P H J I
```

AUTOR	ČITATEĽ
DOBRODRUŽSTVO	LITERÁRNY
ZBIERKA	ROZPRÁVAČ
KONTEXT	STRANA
DUALITA	PRÍSLUŠNÝ
EPOS	BÁSEŇ
PRÍBEH	POÉZIA
HISTORICKÝ	ROMÁN
HUMORNÝ	SÉRIA
VYNALIEZAVÝ	TRAGICKÝ

91 - Pays #2

```
Č  O  P  A  V  Y  L  A  V  I  T  T  P  P  H  L
U  Í  Z  I  D  Z  O  K  S  Z  Ú  C  N  A  R  F
T  D  N  O  N  A  B  I  L  J  T  W  F  K  O  Z
O  O  O  A  I  R  Ý  S  W  J  Y  U  E  I  J  I
K  P  L  Ň  J  A  P  O  N  S  K  O  J  S  C  T
Y  U  A  E  S  O  M  Á  L  S  K  O  H  T  U  W
C  G  O  K  S  N  Á  B  L  A  M  G  M  A  N  N
F  A  S  I  N  D  O  N  É  Z  I  A  E  N  U  B
I  N  M  T  P  Á  F  Í  L  D  L  D  X  M  K  Y
X  D  C  I  V  D  D  F  R  E  X  Z  I  F  R  L
G  A  W  A  P  M  J  U  K  S  O  F  K  B  A  L
E  I  N  H  O  M  Y  C  S  X  K  W  O  V  J  L
J  A  M  A  J  K  A  F  O  E  S  O  K  G  I  V
S  S  E  H  I  X  A  K  L  H  N  N  S  W  N  I
N  E  G  F  P  N  Y  F  L  A  Á  E  U  R  A  P
W  O  T  B  J  D  A  V  H  N  D  H  R  G  A  P
```

ALBÁNSKO	LAOS
ČÍNA	LIBANON
DÁNSKO	MEXIKO
FRANCÚZSKO	UGANDA
HAITI	PAKISTAN
INDONÉZIA	RUSKO
ÍRSKO	SOMÁLSKO
JAMAJKA	SUDÁN
JAPONSKO	SÝRIA
KEŇA	UKRAJINA

92 - Fournitures d'Art

```
Z U G A A C P L J T G N F R O T
Y H P H K L E S T X U Á A W E V
R B M Y V V Y E R R S F P R T T O
E Z X A A F W P U J C A B O O R
P U A K R E O G I Z O D Y X L I
Z W T R E K R T N D K Y B G E V
F D R Y L N W Z O S L Y V U J O
F N A L Y L E T S A P O O M A S
K V M J X P W I T K P S D A L Ť
V Z E I L H U C S Č I A A K K G
F P N A J O T S V I B K R X C D
P O T A C Y Y N X L L Ľ E Á R C
H L I N A T J V S O X U I M T F
G L G R V N U Y M T I B P U D V
H R K W F V W V F S B A A U N J
Y Z R M Z A A Z I N F T P X C R
```

AKRYL	CERUZKY
AKVARELY	TVORIVOSŤ
HLINA	VODA
KEFY	ATRAMENT
FOTOAPARÁT	GUMA
STOLIČKA	OLEJ
UHLIE	NÁPADY
STOJAN	PAPIER
LEPIDLO	PASTELY
FARBY	TABUĽKA

93 - Jazz

```
G P J R R Y O É T I B S Ó L O S
M A U N Ň J H N T M I Š R D B K
O R C H E S T E R P C H T O P L
R H C Y S C Z B O R I K D Ý F A
D Y N O E B Ž Ú I O E X R V L D
P N T G I U Á Ľ Y V N V R O V A
F V R M P W N B J I Z K K N U T
I Á E U U L E O X Z E J M F V E
T L C B Z S R X D Á H U D B A Ľ
L S N L V L Z W E C E L E M U S
H C O A I L O H G I Y M T N S T
G V K D M C Y Ž H A W I A H H A
T E C H N I K A E J S N L T M R
R V R E Z G F D K N K K E U O Ý
S F Z K H R E G K T I K N D H Z
P B F A X W A Y X X J E T T W U
```

ALBUM
UMELEC
SLÁVNY
PIESEŇ
SKLADATEĽ
ZLOŽENIE
KONCERT
OBĽÚBENÉ
ŽÁNER
IMPROVIZÁCIA

HUDBA
NOVÝ
ORCHESTER
RYTMUS
SÓLO
ŠTÝL
TALENT
BICIE
TECHNIKA
STARÝ

94 - Paysages

```
P  V  T  H  H  O  K  V  B  G  P  H  L  C  T  S
O  O  R  E  Z  A  J  P  V  K  Y  L  U  C  L  Y
R  R  L  L  D  Z  J  C  W  O  Z  M  Á  A  K  H
L  I  C  O  O  Á  D  W  A  G  A  L  K  Ž  Z  M
D  B  E  G  S  O  R  A  V  I  H  S  K  X  Z  M
Á  A  R  K  S  T  V  U  W  K  S  P  C  H  U  Y
P  Ú  Š  Ť  A  T  R  Y  A  S  O  P  K  A  V  N
O  O  K  Z  R  C  Í  O  J  A  S  K  Y  Ň  A  M
D  B  H  Z  D  N  Z  E  V  O  R  T  S  O  D  N
O  T  C  E  N  J  J  A  H  M  P  Ú  B  L  W  Ú
V  B  X  N  U  E  E  R  O  M  B  S  F  K  C  D
M  C  S  J  T  O  G  Y  K  F  N  T  Y  X  O  O
X  W  A  E  N  K  Y  Z  O  R  A  I  Č  O  M  L
O  G  O  P  T  Z  E  S  P  N  Á  E  C  O  Y  I
E  R  O  F  G  D  T  C  E  V  O  D  A  Ľ  Y  E
P  H  O  P  Y  B  Z  H  C  R  V  R  C  C  I  K
```

VODOPÁD	MOČIAR
KOPEC	MORE
PÚŠŤ	VRCH
ÚSTIE	OÁZA
RIEKA	OCEÁN
GEJZÍR	POLOSTROV
JASKYŇA	PLÁŽ
ĽADOVEC	TUNDRA
OSTROV	ÚDOLIE
JAZERO	SOPKA

95 - Pays #1

```
O K S R Ó N N V E N E Z U E L A
K A I D N I I B R A Z Í L I A M
S N Y P K O K S L E I N A P Š A
Ľ A E B L E A R Z I S M U N P R
O D K K Í O R N N D L J K P A O
P A V H T L A M Y E B Z L T N K
H E Á N P W G E W B M U S H A O
S R D A H L U P N R D E Z O M K
N R O T I P A K N V D L C S A S
Y L R S A R G E N T Í N A K T N
F I L I P Í N Y F F C X X U O U
F E L N Y P B D Í H J V M S E M
K F I A R A P K N W J K R J A U
W S D G M G U G S A S B F C Y R
U U M F H A L A K B E X H L S C
E D X A W Z F Z O G B V X X F A
```

AFGANISTAN
NEMECKO
ARGENTÍNA
BRAZÍLIA
KANADA
ŠPANIELSKO
EKVÁDOR
FÍNSKO
INDIA
IZRAEL

LÍBYA
MALI
MAROKO
NIKARAGUA
NÓRSKO
PANAMA
FILIPÍNY
POĽSKO
RUMUNSKO
VENEZUELA

96 - Nombres

```
I R A K C H Y U Š X A Ť Z A Z V
O A O I T B Z M E D E S K J W I
Y F S P O L W D S K Y Á H U D J
D P O F X J M E T U Y N W T F Y
H X W O Y F Y V N L S I X J R A
T I F W Z K S Ä Á X R R V M P I
Š T R N Á S Ť Ť S Á N T Ä V E D
P S C Y F E S S Ť D V A D S A Ť
Ä W Z M T I Á F E P D V L T W Ä
T O W J E Š N R Z Š U D C Z L P
N O F B B A A D E S A T I N N É
Á N I Y G L V Ť S Á N M E D E S
S U H F V Z D H Ť S Á N M E S O
Ť L Y Z G G X O Z T C Z E S O K
S A O P B C H U L O S S A H H
F D J I J S T P K Z H J O Ť F Y
```

PÄŤ	ŠTRNÁSŤ
DVA	ŠTYRI
DESATINNÉ	PÄTNÁSŤ
DESAŤ	ŠESTNÁSŤ
OSEMNÁSŤ	SEDEM
DEVÄTNÁSŤ	ŠESŤ
SEDEMNÁSŤ	TRINÁSŤ
DVANÁSŤ	TRI
OSEM	DVADSAŤ
DEVÄŤ	NULA

97 - Psychologie

```
H  R  Y  W  O  A  R  F  K  R  R  U  P  M  D  E
N  O  E  I  N  A  M  Í  N  V  I  O  O  F  M  E
E  X  D  A  K  O  N  F  L  I  K  T  D  M  E  R
V  P  L  N  L  Z  S  V  N  A  J  I  V  Y  L  V
E  E  E  U  O  I  E  G  O  J  Z  C  E  Š  N  M
D  B  C  N  E  T  T  P  Z  Y  C  O  D  L  E  S
O  C  U  M  J  N  E  A  D  L  J  P  O  I  E  K
M  E  B  A  Ť  S  O  N  B  O  S  O  M  E  M  Ú
Ý  K  C  I  N  I  L  K  I  M  P  D  I  N  Ó  S
S  P  R  Á  V  A  N  I  E  E  R  U  E  K  C  E
T  E  R  A  P  I  A  U  Y  G  O  K  N  Y  I  N
C  L  E  A  U  W  V  L  S  S  B  I  Z  S  E  O
V  L  B  B  Y  S  N  Y  V  B  L  T  J  X  B  S
S  H  W  F  Z  P  H  A  Y  C  É  I  U  M  L  T
T  J  E  I  N  A  V  O  N  E  M  Y  V  L  R  I
M  Z  D  E  T  S  T  V  O  N  Á  P  A  D  Y  E
```

KLINICKÝ	MYŠLIENKY
SPRÁVANIE	VNÍMANIE
KONFLIKT	OSOBNOSŤ
EGO	PROBLÉM
DETSTVO	VYMENOVANIE
SKÚSENOSTI	REALITA
EMÓCIE	SNY
HODNOTENIE	POCIT
NÁPADY	PODVEDOMIE
NEVEDOMÝ	TERAPIA

98 - Nature

```
H  B  Y  O  S  N  A  S  Á  T  A  R  E  I  V  Z
S  O  N  Y  V  D  V  C  Y  R  Ť  Š  Ú  P  M  C
O  Z  R  F  Ä  J  G  C  N  O  F  P  T  K  R  E
J  A  M  Y  T  I  G  W  R  P  L  J  E  U  O  Z
D  U  W  H  Y  D  E  V  C  I  A  N  S  U  L  U
E  Y  V  K  Ň  R  I  J  S  C  C  Z  Y  J  G  I
X  K  N  P  A  H  T  V  M  K  K  R  Á  S  A  D
D  A  C  A  L  K  S  F  O  Ý  E  R  Ó  Z  I  A
H  L  R  B  M  S  Í  I  G  K  J  T  A  X  L  S
Y  B  J  N  H  I  L  K  V  J  Ý  Y  K  K  E  G
S  O  X  E  H  F  C  E  V  O  D  A  Ľ  H  S  V
P  O  K  O  J  N  Ý  K  C  I  T  K  R  A  I  Č
V  I  T  Á  L  N  Y  R  Ý  D  H  E  Y  V  Y  E
S  G  N  N  R  G  R  N  R  G  U  I  C  O  M  L
C  V  G  K  R  W  W  C  A  A  T  R  S  E  J  Y
S  V  M  B  X  M  G  M  B  U  K  M  F  J  J  N
```

VČELY	RIEKA
ZVIERATÁ	LES
ARKTICKÝ	ĽADOVEC
KRÁSA	HORY
HMLA	OBLAKY
PÚŠŤ	SVÄTYŇA
DYNAMICKÝ	DIVOKÝ
ERÓZIA	POKOJNÝ
ÚTESY	TROPICKÝ
LÍSTIE	VITÁLNY

99 - Chimie

```
M  J  O  R  H  M  U  F  R  O  V  D  A  K  H  T
L  K  B  O  M  Y  Ý  P  M  W  D  F  T  Y  M  E
X  M  W  T  X  N  K  Z  K  O  V  Y  Ó  S  O  P
T  D  O  Á  J  F  I  Ó  N  Y  L  P  M  E  T  L
H  E  U  Z  C  Y  J  H  Ó  E  T  X  O  L  N  O
G  L  P  Y  N  Ý  V  O  R  D  A  J  V  I  O  T
I  R  Ó  L  H  C  Y  C  T  T  D  S  Á  N  S  A
S  O  Ľ  A  O  H  B  M  K  Í  L  H  U  A  Ť  D
M  V  F  T  E  I  F  K  E  Í  V  B  S  E  P  U
N  V  Z  A  I  T  F  F  L  P  L  N  P  J  G  D
T  T  P  K  Í  D  O  V  E  N  N  S  Y  B  S  L
A  L  K  A  L  I  C  K  Ý  S  H  P  Y  J  J  P
K  V  A  P  A  L  I  N  A  R  R  P  J  K  D  D
L  F  N  O  E  Z  A  L  K  R  I  P  P  A  Z  P
Y  N  H  D  H  H  T  I  D  H  N  B  X  D  I  W
K  W  N  V  E  M  O  L  E  K  U  L  A  X  F  J
```

KYSELINA	VODÍK
ALKALICKÝ	IÓN
ATÓMOVÁ	KVAPALINA
UHLÍK	KOVY
KATALYZÁTOR	MOLEKULA
TEPLO	JADROVÝ
CHLÓR	KYSLÍK
ENZÝM	HMOTNOSŤ
ELEKTRÓN	SOĽ
PLYN	TEPLOTA

100 - Bateaux

```
K M C X I D O K H Z N Á E C O P
F F A D K Í N R O M Á N D P R O
I V J A O F H U L U M A A D E S
G A L M O R E W K T O W C J Z Á
G G B N D G O K E F R F I J A D
P X W Ó Y X N W M V N J N C J K
A O C Y J K A C O K Ý V T W E A
U Z C L F A K E I R C B E F J T
Y S H S P J E I J O H T H C J H
T U V D R A I Ž O T S S C Z N C
G R R A Í K H D Y O M R A F T A
H N S J L C O R O M T K L O H J
F E G T I D N V R K K O P V N Y
J R W M V Y T G L S G T N Y W H
V W D O H K H C J F I V F A B R
I A R N I W B T K E J A R T L I
```

KOTVA   NÁMORNÍK
BÓJA   STOŽIAR
KANOE   MORE
LANO   MOTOR
POSÁDKA   NÁMORNÝCH
TRAJEKT   OCEÁN
RIEKA   RAFT
KAJAK   VLNY
JAZERO   PLACHETNICA
PRÍLIV   JACHTA

1 - Adjectifs #2

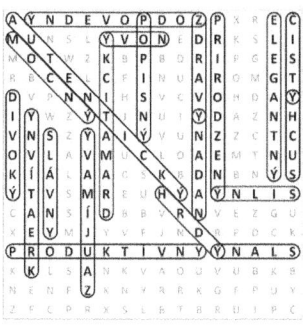

2 - Formes

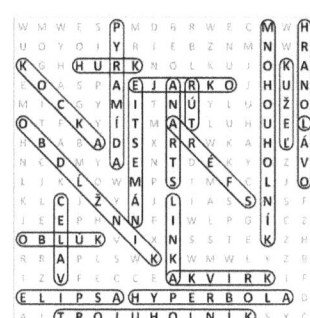

3 - Force et Gravité

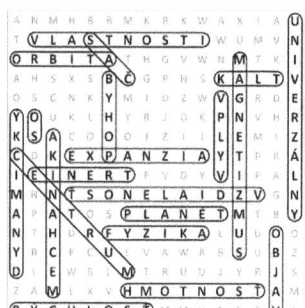

4 - Adjectifs #1

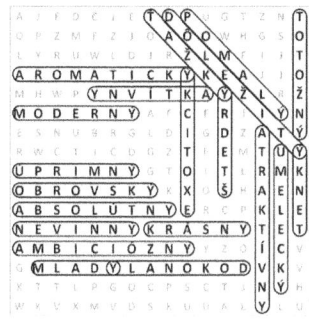

5 - Instruments de Musique

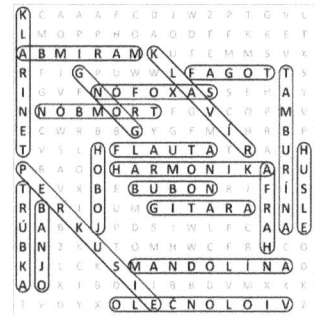

6 - Herboristerie

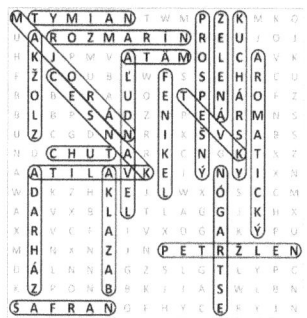

7 - Véhicules

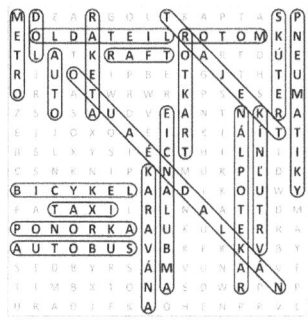

8 - Camping

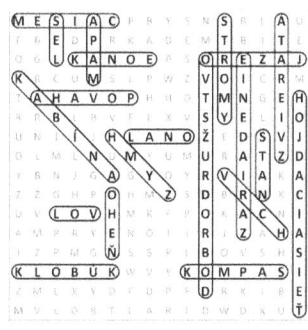

9 - Écologie

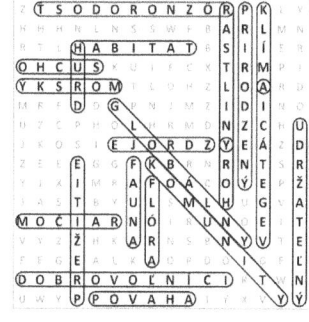

10 - Géométrie

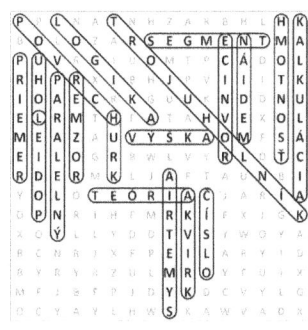

11 - Les Médias

12 - Philanthropie

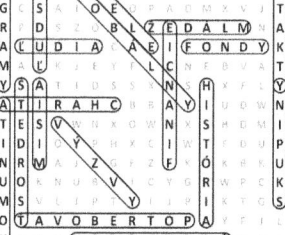

13 - Diplomatie

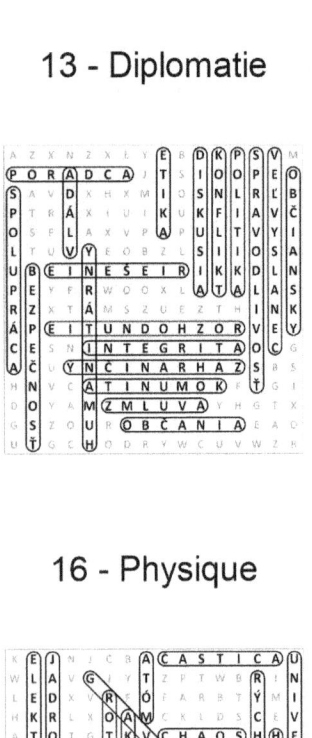

14 - Électricité

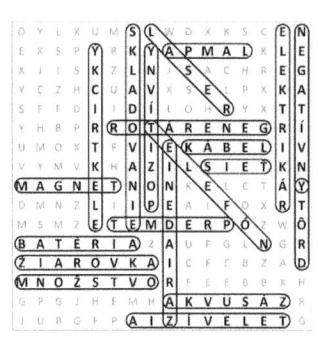

15 - Astronomie

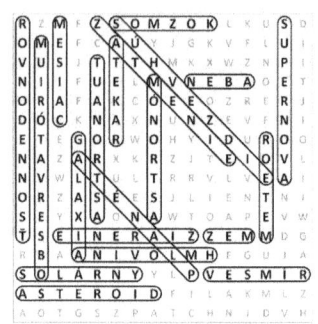

16 - Physique

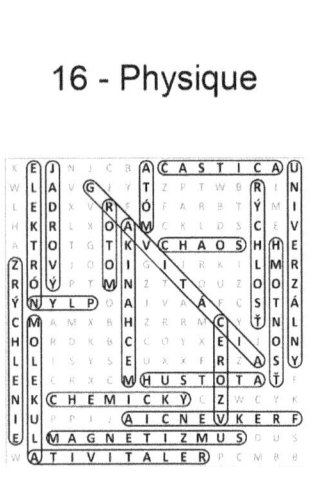

17 - Types de Cheveux

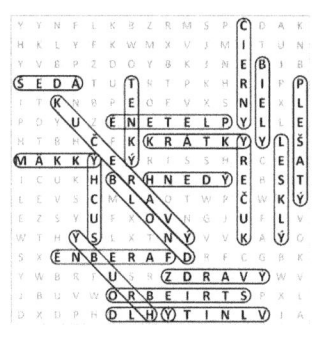

18 - Archéologie

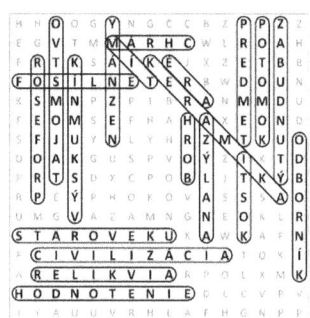

19 - Mammifères

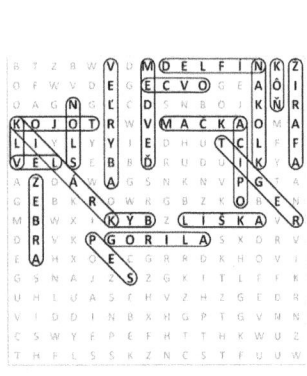

20 - Chocolat

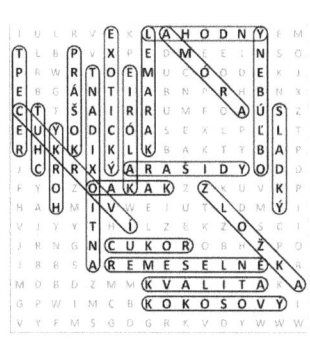

21 - Mathématiques

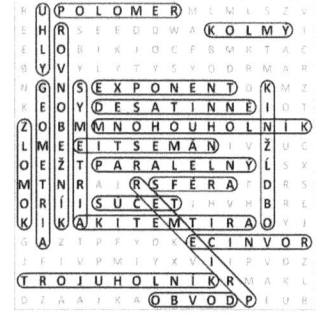

22 - Sport

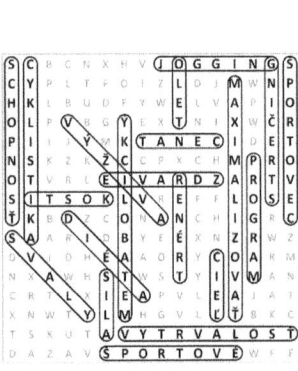

23 - Mythologie

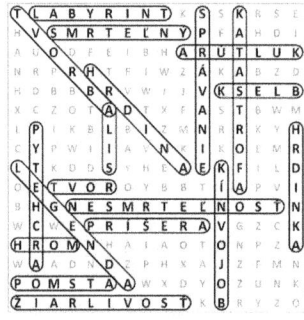

24 - Restaurant #2

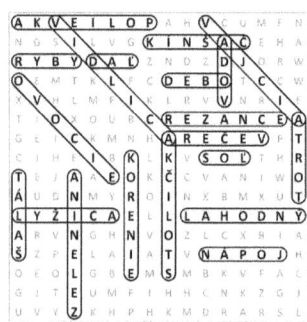

25 - Beauté

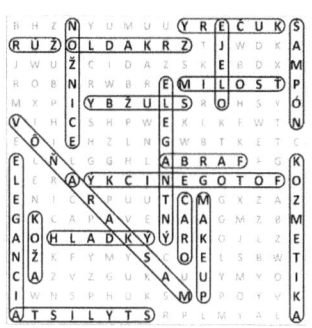

26 - Avions

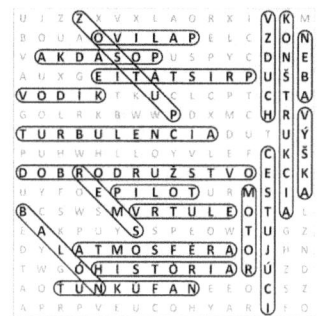

27 - Aventure

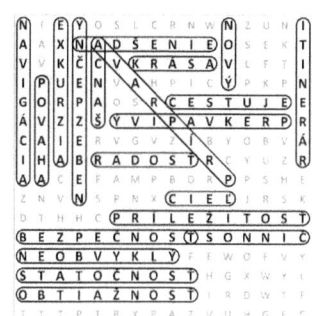

28 - Ville

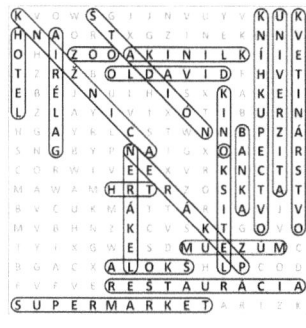

29 - Ingénierie

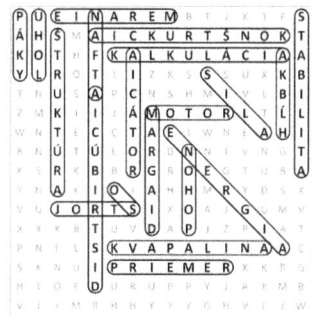

30 - Énergie

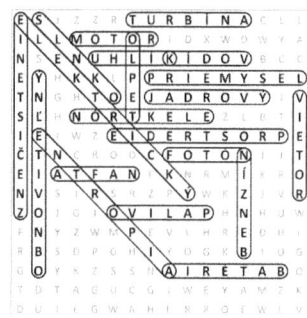

31 - Cuisine

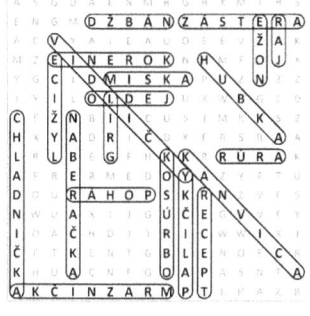

32 - Corps Humain

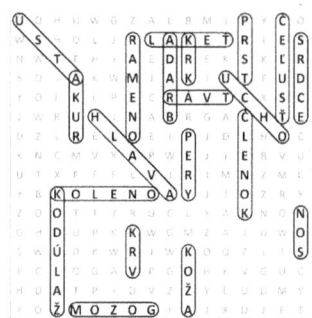

33 - Biologie

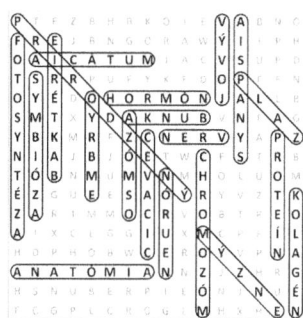

34 - Agronomie

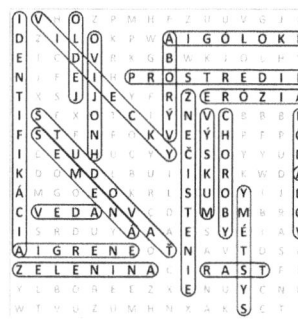

35 - Science

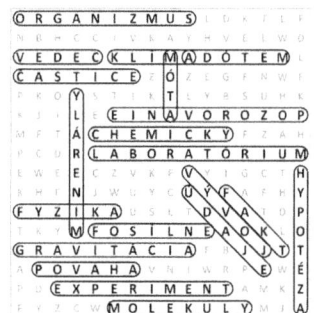

36 - Vêtements

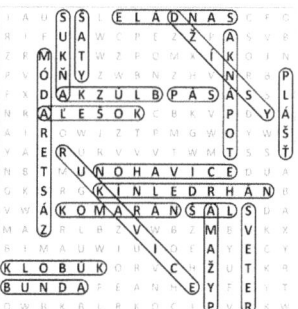

37 - Méditation

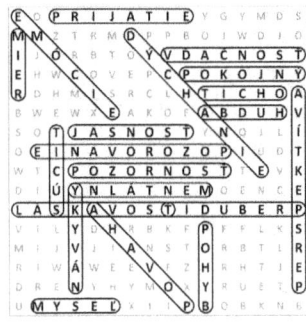

38 - Littérature

39 - Nourriture #1

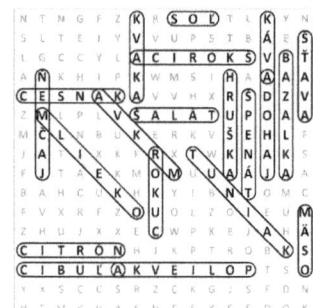

40 - Jours et Mois

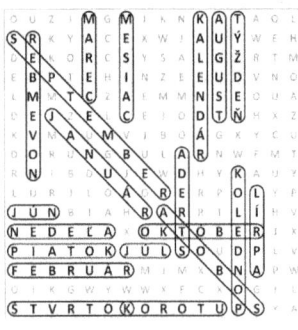

41 - Jardinage

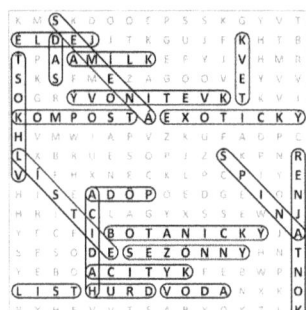

42 - Entreprise

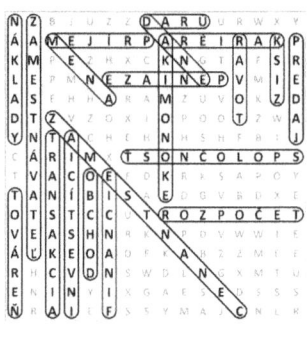

43 - Activités

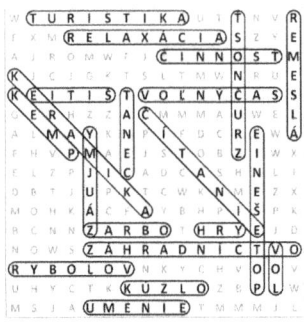

44 - Fleurs

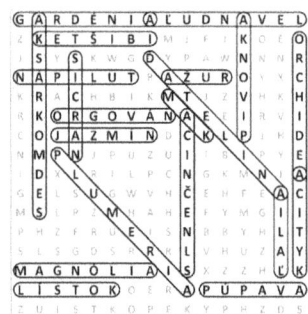

45 - Nourriture #2

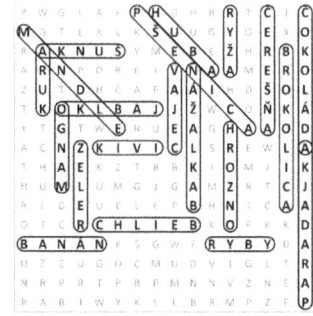

46 - Algèbre

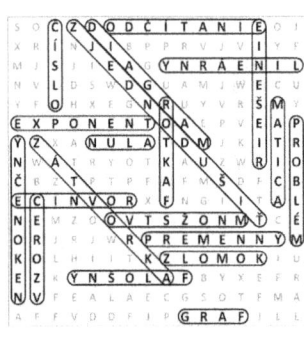

47 - Océan

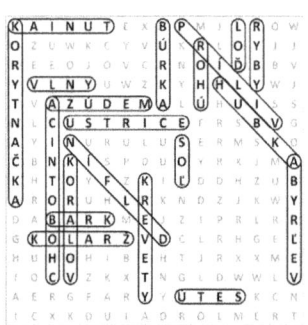

48 - Antiquités

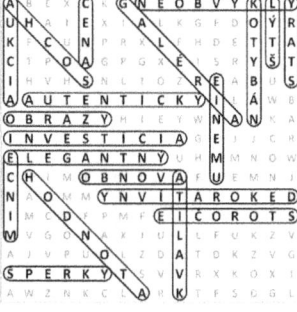

49 - Boxe

50 - Réchauffement Cli

51 - Ballet

52 - Fruit

53 - Musique

54 - Météo

55 - L'Entreprise

56 - Gouvernement

57 - Randonnée

58 - Art

59 - Nutrition

60 - Créativité

61 - Science Fiction

62 - Professions #1

63 - Géologie

64 - Jardin

65 - Santé et Bien Être #1

66 - Barbecues

67 - Forêt Tropicale

68 - Ferme #1

69 - Café

70 - Antarctique

71 - Professions #2

72 - Les Abeilles

73 - Santé et Bien Être #2

74 - Conduite

75 - Plantes

76 - Ferme #2

77 - Vacances #2

78 - Éthique

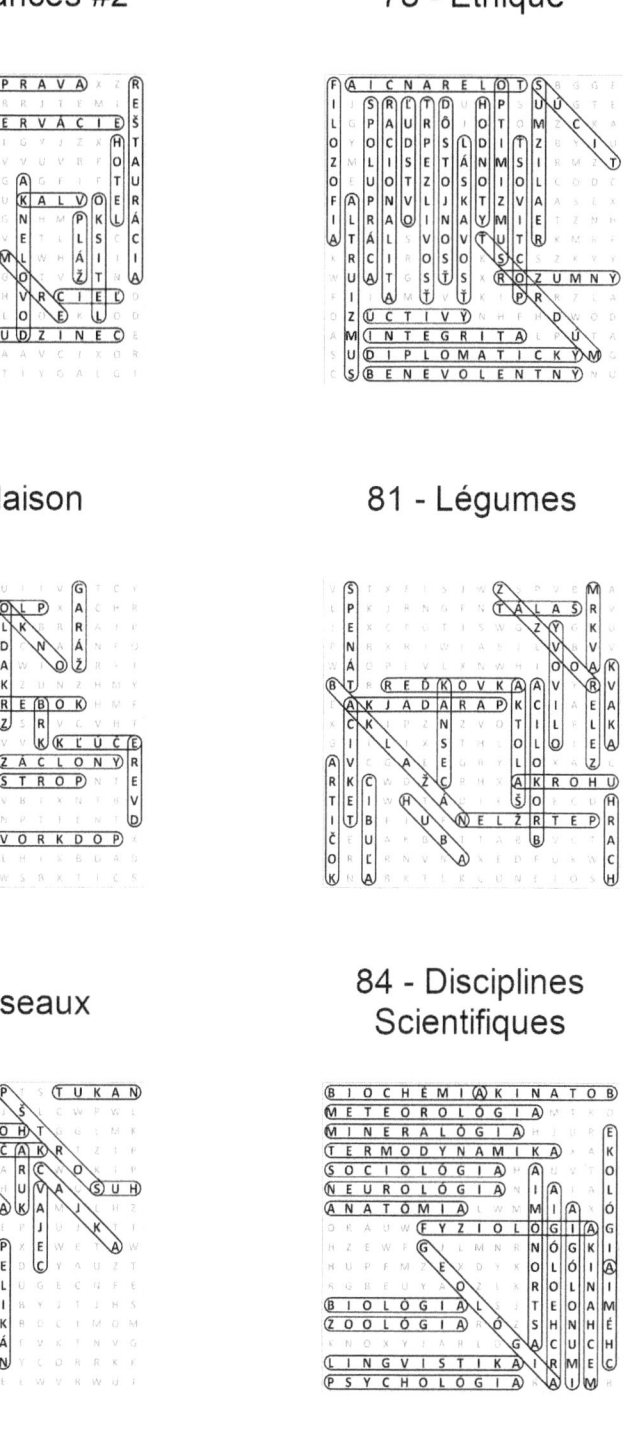

79 - Temps

80 - Maison

81 - Légumes

82 - Famille

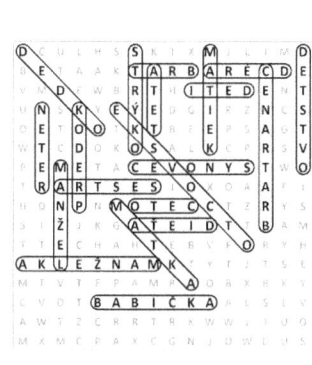

83 - Oiseaux

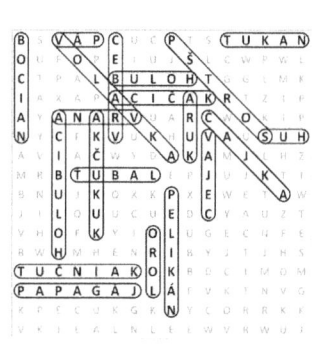

84 - Disciplines Scientifiques

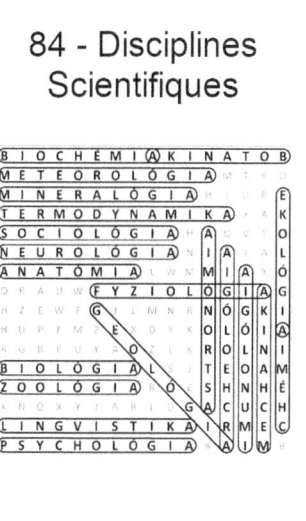

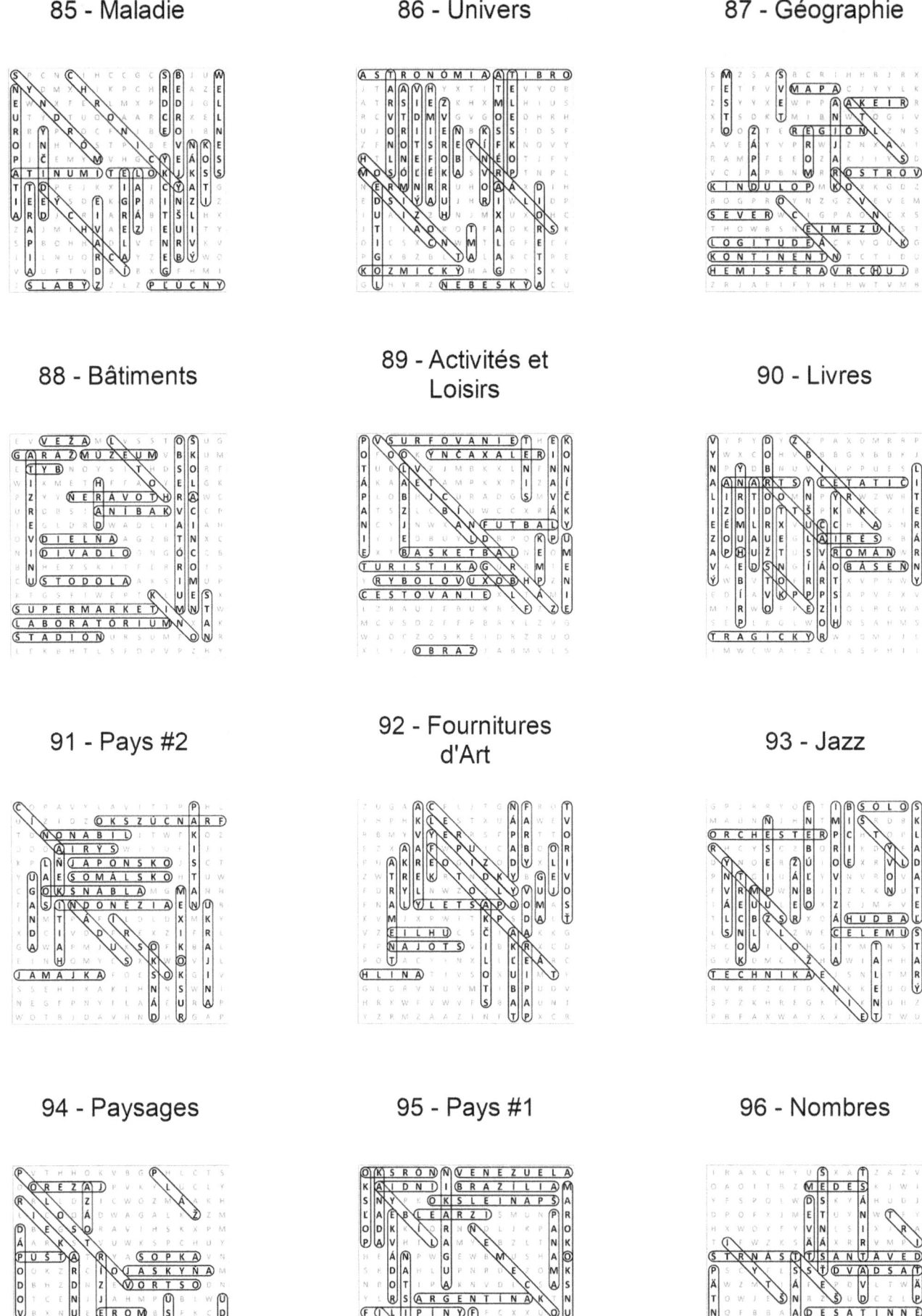

85 - Maladie

86 - Univers

87 - Géographie

88 - Bâtiments

89 - Activités et Loisirs

90 - Livres

91 - Pays #2

92 - Fournitures d'Art

93 - Jazz

94 - Paysages

95 - Pays #1

96 - Nombres

97 - Psychologie

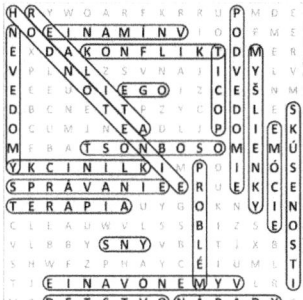

98 - Nature

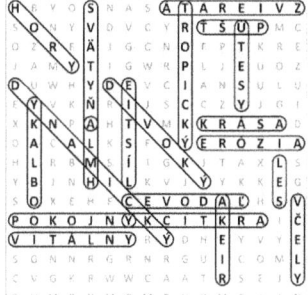

99 - Chimie

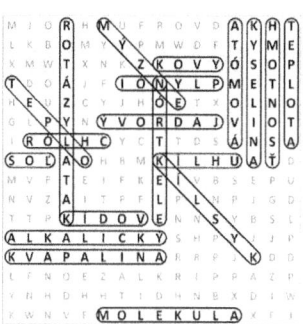

100 - Bateaux

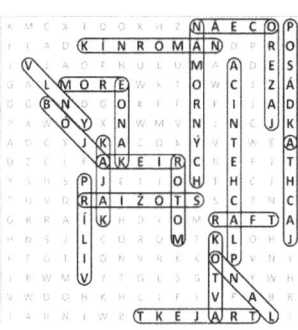

Dictionnaire

Activités
Činnosti

Activité	Činnosť
Art	Umenie
Artisanat	Remeslá
Camping	Kemp
Céramique	Keramika
Chasse	Lov
Compétence	Zručnosť
Couture	Šitie
Danse	Tanec
Intérêts	Záujmy
Jardinage	Záhradníctvo
Jeux	Hry
Lecture	Čítanie
Loisir	Voľný Čas
Magie	Kúzlo
Peinture	Obraz
Pêche	Rybolov
Plaisir	Potešenie
Randonnée	Turistika
Relaxation	Relaxácia

Activités et Loisirs
Aktivity a Voľný Čas

Art	Umenie
Base-Ball	Bejzbal
Basket-Ball	Basketbal
Boxe	Boxu
Camping	Kemp
Football	Futbal
Golf	Golf
Jardinage	Záhradníctvo
Nager	Plávanie
Passe-Temps	Koníčky
Peinture	Obraz
Pêche	Rybolov
Plongée	Potápanie
Randonnée	Turistika
Relaxant	Relaxačný
Surf	Surfovanie
Tennis	Tenis
Volley-Ball	Volejbal
Voyage	Cestovanie

Adjectifs #1
Prídavné Mená #1

Absolu	Absolútny
Actif	Aktívny
Ambitieux	Ambiciózny
Aromatique	Aromatický
Artistique	Umelecký
Attractif	Atraktívny
Beau	Krásny
Exotique	Exotický
Énorme	Obrovský
Généreux	Štedrý
Honnête	Úprimný
Identique	Totožný
Important	Dôležitý
Innocent	Nevinný
Jeune	Mladý
Lent	Pomalý
Lourd	Ťažký
Mince	Tenký
Moderne	Moderný
Parfait	Dokonalý

Adjectifs #2
Prídavné Mená #2

Authentique	Autentický
Célèbre	Slávny
Créatif	Kreatívny
Descriptif	Popisný
Doué	Nadaný
Dramatique	Dramatický
Élégant	Elegantný
Fier	Hrdý
Fort	Silný
Intéressant	Zaujímavý
Naturel	Prirodzený
Nouveau	Nový
Productif	Produktívny
Puissant	Mocný
Pur	Čistý
Responsable	Zodpovedný
Sain	Zdravý
Salé	Slaný
Sauvage	Divoký
Sec	Suchý

Agronomie
Agronómia

Croissance	Rast
Eau	Voda
Engrais	Hnojivo
Environnement	Prostredie
Écologie	Ekológia
Énergie	Energia
Érosion	Erózia
Étude	Študovať
Graines	Semená
Identification	Identifikácia
Légumes	Zelenina
Maladies	Choroby
Nourriture	Jedlo
Pollution	Znečistenie
Production	Výroba
Recherche	Výskum
Rural	Vidiecky
Science	Veda
Sol	Pôda
Systèmes	Systémy

Algèbre
Algebra

Diagramme	Diagram
Exposant	Exponent
Équation	Rovnice
Facteur	Faktor
Faux	Falošný
Formule	Vzorec
Fraction	Zlomok
Graphique	Graf
Infini	Nekonečný
Linéaire	Lineárny
Matrice	Matica
Nombre	Číslo
Parenthèse	Zátvorka
Problème	Problém
Quantité	Množstvo
Simplifier	Zjednodušiť
Solution	Riešenie
Soustraction	Odčítanie
Variable	Premenný
Zéro	Nula

Antarctique
Antarktída
Baie	Záliv
Baleines	Veľryby
Chercheur	Výskumník
Conservation	Ochrana
Continent	Kontinent
Eau	Voda
Environnement	Prostredie
Expédition	Expedícia
Géographie	Geografia
Glace	Ľad
Glaciers	Ľadovce
Îles	Ostrovy
Migration	Migrácia
Minéraux	Minerály
Oiseaux	Vtáky
Péninsule	Polostrov
Rocheux	Skalnatý
Scientifique	Vedecký
Température	Teplota
Topographie	Topografia

Antiquités
Starožitnosťami
Art	Umenie
Authentique	Autentický
Bijoux	Šperky
Décoratif	Dekoratívny
Enchères	Aukcia
Élégant	Elegantný
Galerie	Galéria
Inhabituel	Neobvyklý
Investissement	Investícia
Meubles	Nábytok
Peintures	Obrazy
Pièces	Mince
Prix	Cena
Qualité	Kvalita
Restauration	Obnova
Sculpture	Socha
Siècle	Storočie
Style	Štýl
Valeur	Hodnota
Vieux	Starý

Archéologie
Archeológia
Analyse	Analýza
Antiquité	Staroveku
Chercheur	Výskumník
Civilisation	Civilizácia
Descendant	Potomok
Expert	Odborník
Ère	Éra
Équipe	Tím
Évaluation	Hodnotenie
Fossile	Fosílne
Inconnu	Neznámy
Mystère	Tajomstvo
Objets	Predmet
Os	Kosti
Oublié	Zabudnutý
Poterie	Keramika
Professeur	Profesor
Relique	Relikvia
Temple	Chrám
Tombe	Hrob

Art
Umenie
Céramique	Keramický
Complexe	Komplexné
Composition	Zloženie
Créer	Vytvoriť
Dépeindre	Vykresliť
Expression	Výraz
Figure	Obrázok
Honnête	Úprimný
Humeur	Nálada
Inspiré	Inšpirovaný
Original	Pôvodný
Peintures	Obrazy
Personnel	Osobný
Poésie	Poézia
Sculpture	Socha
Simple	Jednoduchý
Sujet	Predmet
Surréalisme	Surrealizmus
Symbole	Symbol
Visuel	Vizuálny

Astronomie
Astronómia
Astéroïde	Asteroid
Astronaute	Astronaut
Astronome	Astronóm
Ciel	Neba
Constellation	Súhvezdie
Cosmos	Kozmos
Éclipse	Zatmenie
Équinoxe	Rovnodennosť
Fusée	Raketa
Galaxie	Galaxia
Lune	Mesiac
Météore	Meteor
Nébuleuse	Hmlovina
Observatoire	Observatórium
Planète	Planéta
Radiation	Žiarenie
Solaire	Solárny
Supernova	Supernova
Terre	Zem
Univers	Vesmír

Aventure
Dobrodružstvo
Activité	Činnosť
Beauté	Krása
Bravoure	Statočnosť
Chance	Šanca
Dangereux	Nebezpečný
Destination	Cieľ
Difficulté	Obtiažnosť
Enthousiasme	Nadšenie
Excursion	Exkurzia
Inhabituel	Neobvyklý
Itinéraire	Itinerár
Joie	Radosť
Nature	Povaha
Navigation	Navigácia
Nouveau	Nový
Opportunité	Príležitosť
Préparation	Príprava
Sécurité	Bezpečnosť
Surprenant	Prekvapivý
Voyages	Cestuje

Avions
Lietadlá

Air	Vzduch
Atmosphère	Atmosféra
Atterrissage	Pristátie
Aventure	Dobrodružstvo
Ballon	Balón
Carburant	Palivo
Ciel	Neba
Construction	Konštrukcia
Descente	Zostup
Direction	Smer
Équipage	Posádka
Gonfler	Nafúknuť
Hauteur	Výška
Hélices	Vrtule
Histoire	História
Hydrogène	Vodík
Moteur	Motor
Passager	Cestujúci
Pilote	Pilot
Turbulence	Turbulencia

Ballet
Baletné

Applaudissement	Potlesk
Artistique	Umelecký
Ballerine	Balerína
Chorégraphie	Choreografia
Compétence	Zručnosť
Compositeur	Skladateľ
Danseurs	Tanečníci
Expressif	Expresívny
Geste	Gesto
Gracieux	Pôvabný
Intensité	Intenzita
Muscles	Svaly
Musique	Hudba
Orchestre	Orchester
Public	Publikum
Répétition	Skúška
Rythme	Rytmus
Solo	Sólo
Style	Štýl
Technique	Technika

Barbecues
Grilovanie

Chaud	Horúci
Couteaux	Nože
Déjeuner	Obed
Dîner	Večera
Enfants	Deti
Été	Leto
Faim	Hlad
Famille	Rodina
Fruit	Ovocie
Gril	Gril
Jeux	Hry
Légumes	Zelenina
Musique	Hudba
Oignons	Cibuľa
Poivre	Paprika
Poulet	Kura
Salades	Šaláty
Sauce	Omáčka
Sel	Soľ
Tomates	Paradajky

Bateaux
Lode

Ancre	Kotva
Bouée	Bója
Canoë	Kanoe
Corde	Lano
Équipage	Posádka
Ferry	Trajekt
Fleuve	Rieka
Kayak	Kajak
Lac	Jazero
Marée	Príliv
Marin	Námorník
Mât	Stožiar
Mer	More
Moteur	Motor
Nautique	Námorných
Océan	Oceán
Radeau	Raft
Vagues	Vlny
Voilier	Plachetnica
Yacht	Jachta

Bâtiments
Budovy

Appartement	Byt
Atelier	Dielňa
Cabine	Kabína
Château	Hrad
Cinéma	Kino
École	Škola
Garage	Garáž
Grange	Stodola
Hôpital	Nemocnica
Hôtel	Hotel
Laboratoire	Laboratórium
Musée	Múzeum
Observatoire	Observatórium
Stade	Štadión
Supermarché	Supermarket
Tente	Stan
Théâtre	Divadlo
Tour	Veža
Université	Univerzita
Usine	Továreň

Beauté
Krása

Boucles	Kučery
Charme	Čaro
Ciseaux	Nožnice
Cosmétique	Kozmetika
Couleur	Farba
Élégance	Elegancia
Élégant	Elegantný
Grâce	Milosť
Huiles	Oleje
Lisse	Hladký
Maquillage	Make-Up
Mascara	Maskara
Miroir	Zrkadlo
Parfum	Vôňa
Peau	Koža
Photogénique	Fotogenický
Rouge à Lèvres	Rúž
Services	Služby
Shampooing	Šampón
Styliste	Stylista

Biologie
Biológia

Anatomie	Anatómia
Bactéries	Baktérie
Cellule	Bunka
Chromosome	Chromozóm
Collagène	Kolagén
Embryon	Embryo
Enzyme	Enzým
Évolution	Vývoj
Hormone	Hormón
Mammifère	Cicavec
Mutation	Mutácia
Naturel	Prirodzený
Nerf	Nerv
Neurone	Neurón
Osmose	Osmóza
Photosynthèse	Fotosyntéza
Protéine	Proteín
Reptile	Plaz
Symbiose	Symbióza
Synapse	Synapsia

Boxe
Boxovanie

Adversaire	Súper
Arbitre	Rozhodca
Blessures	Zranenia
Cloche	Bell
Coin	Rút
Combattant	Bojovník
Compétence	Zručnosť
Concentrer	Zamerať
Cordes	Laná
Corps	Telo
Coude	Laket'
Coup	Kop
Épuisé	Vyčerpaný
Force	Sila
Gants	Rukavice
Menton	Brada
Poing	Päsť
Points	Body
Rapide	Rýchly
Récupération	Obnovenie

Café
Káva

Acide	Kyslý
Amer	Horký
Arôme	Aróma
Boire	Piť
Boisson	Nápoj
Caféine	Kofeín
Crème	Krém
Eau	Voda
Filtre	Filter
Lait	Mlieko
Liquide	Kvapalina
Matin	Ráno
Moudre	Mlieť
Noir	Čierny
Origine	Pôvod
Prix	Cena
Saveur	Chuť
Sucre	Cukor
Tasse	Pohár

Camping
Kempovanie

Animaux	Zvieratá
Arbres	Stromy
Aventure	Dobrodružstvo
Boussole	Kompas
Cabine	Kabína
Canoë	Kanoe
Carte	Mapa
Chapeau	Klobúk
Chasse	Lov
Corde	Lano
Équipement	Zariadenie
Feu	Oheň
Forêt	Les
Hamac	Hojdacia Sieť
Insecte	Hmyz
Lac	Jazero
Lune	Mesiac
Montagne	Vrch
Nature	Povaha
Tente	Stan

Chimie
Chémia

Acide	Kyselina
Alcalin	Alkalický
Atomique	Atómová
Carbone	Uhlík
Catalyseur	Katalyzátor
Chaleur	Teplo
Chlore	Chlór
Enzyme	Enzým
Électron	Elektrón
Gaz	Plyn
Hydrogène	Vodík
Ion	Ión
Liquide	Kvapalina
Métaux	Kovy
Molécule	Molekula
Nucléaire	Jadrový
Oxygène	Kyslík
Poids	Hmotnosť
Sel	Soľ
Température	Teplota

Chocolat
Čokoláda

Amer	Horký
Antioxydant	Antioxidant
Arôme	Aróma
Artisanal	Remeselné
Bonbon	Cukroví
Cacahuètes	Arašidy
Cacao	Kakao
Calories	Kalórie
Caramel	Karamel
Délicieux	Lahodný
Doux	Sladký
Exotique	Exotický
Favori	Obľúbený
Goût	Chuť
Ingrédient	Zložka
Noix de Coco	Kokosový
Poudre	Prášok
Qualité	Kvalita
Recette	Recept
Sucre	Cukor

Conduite
Šoférovanie

Accident	Nehoda
Camion	Nákladné Auto
Carburant	Palivo
Carte	Mapa
Freins	Brzdy
Garage	Garáž
Gaz	Plyn
Licence	Licencia
Moteur	Motor
Moto	Motocykel
Piéton	Pešej
Police	Polícia
Route	Cesta
Rue	Ulica
Sécurité	Bezpečnosť
Trafic	Doprava
Transport	Preprava
Tunnel	Tunel
Vitesse	Rýchlosť
Voiture	Auto

Corps Humain
Ľudské Telo

Bouche	Ústa
Cerveau	Mozog
Cheville	Členok
Cou	Krk
Coude	Lakeť
Cœur	Srdce
Doigt	Prst
Estomac	Žalúdok
Épaule	Rameno
Genou	Koleno
Lèvres	Pery
Main	Ruka
Mâchoire	Čeľusť
Menton	Brada
Nez	Nos
Oreille	Ucho
Peau	Koža
Sang	Krv
Tête	Hlava
Visage	Tvár

Créativité
Kreativita

Artistique	Umelecký
Authenticité	Pravosť
Clarté	Jasnosť
Compétence	Zručnosť
Dramatique	Dramatický
Expression	Výraz
Émotions	Emócie
Fluidité	Plynulosť
Idées	Nápady
Image	Obrázok
Imagination	Predstavivosť
Impression	Dojem
Inspiration	Inšpirácia
Intensité	Intenzita
Intuition	Intuícia
Inventif	Vynaliezavý
Sensation	Pocit
Spontané	Spontánny
Visions	Vízie
Vitalité	Vitalita

Cuisine
Kuchyňa

Baguettes	Paličky
Bol	Miska
Bouilloire	Kanvica
Congélateur	Mraznička
Couteaux	Nože
Cruche	Džbán
Cuillères	Lyžice
Épices	Korenie
Éponge	Hubka
Four	Rúra
Fourchettes	Vidličky
Gril	Gril
Louche	Naberačka
Nourriture	Jedlo
Pot	Jar
Recette	Recept
Réfrigérateur	Chladnička
Serviette	Obrúsok
Tablier	Zástera
Tasses	Pohár

Diplomatie
Diplomacie

Ambassadeur	Veľvyslanec
Citoyens	Občania
Civique	Občiansky
Communauté	Komunita
Conflit	Konflikt
Conseiller	Poradca
Coopération	Spolupráca
Diplomatique	Diplomatický
Discussion	Diskusia
Éthique	Etika
Étranger	Zahraničný
Gouvernement	Vláda
Humanitaire	Humanitárny
Intégrité	Integrita
Justice	Spravodlivosť
Politique	Politika
Résolution	Rozhodnutie
Sécurité	Bezpečnosť
Solution	Riešenie
Traité	Zmluva

Disciplines Scientifiques
Vedecké Disciplíny

Anatomie	Anatómia
Archéologie	Archeológia
Astronomie	Astronómia
Biochimie	Biochémia
Biologie	Biológia
Botanique	Botanika
Chimie	Chémia
Écologie	Ekológia
Géologie	Geológia
Immunologie	Imunológia
Linguistique	Lingvistika
Mécanique	Mechanika
Météorologie	Meteorológia
Minéralogie	Mineralógia
Neurologie	Neurológia
Physiologie	Fyziológia
Psychologie	Psychológia
Sociologie	Sociológia
Thermodynamiq ue	Termodynamika
Zoologie	Zoológia

Entreprise
Podnikanie

Argent	Peniaze
Boutique	Obchod
Budget	Rozpočet
Bureau	Úrad
Carrière	Kariéra
Coût	Náklady
Devise	Mena
Employeur	Zamestnávateľ
Employé	Zamestnanec
Entreprise	Spoločnosť
Économie	Ekonomika
Finance	Financie
Impôts	Dane
Investissement	Investícia
Marchandise	Tovar
Profit	Zisk
Revenu	Príjem
Transaction	Transakcia
Usine	Továreň
Vente	Predaj

Écologie
Ekológia

Bénévoles	Dobrovoľníci
Climat	Klíma
Communautés	Komunity
Diversité	Rôznorodosť
Durable	Udržateľný
Espèce	Druh
Faune	Fauna
Flore	Flóra
Global	Globálny
Habitat	Habitat
Marais	Močiar
Marin	Morský
Montagnes	Hory
Nature	Povaha
Naturel	Prirodzený
Plantes	Rastliny
Ressources	Zdroje
Sécheresse	Sucho
Survie	Prežitie
Végétation	Vegetácia

Électricité
Elektrina

Aimant	Magnet
Ampoule	Žiarovka
Batterie	Batéria
Câble	Kábel
Électricien	Elektrikár
Électrique	Elektrický
Équipement	Zariadenie
Fils	Drôty
Générateur	Generátor
Lampe	Lampa
Laser	Laser
Négatif	Negatívny
Objets	Predmet
Positif	Pozitívny
Prise	Zásuvka
Quantité	Množstvo
Réseau	Sieť
Stockage	Skladovanie
Téléphone	Telefón
Télévision	Televízia

Énergie
Energia

Batterie	Batéria
Carbone	Uhlík
Carburant	Palivo
Chaleur	Teplo
Diesel	Nafta
Entropie	Entropia
Environnement	Prostredie
Essence	Benzín
Électrique	Elektrický
Électron	Elektrón
Hydrogène	Vodík
Industrie	Priemysel
Moteur	Motor
Nucléaire	Jadrový
Photon	Fotón
Pollution	Znečistenie
Renouvelable	Obnoviteľný
Soleil	Slnko
Turbine	Turbína
Vent	Vietor

Éthique
Etický

Altruisme	Altruizmus
Bienveillant	Benevolentný
Compassion	Súcit
Coopération	Spolupráca
Dignité	Dôstojnosť
Diplomatique	Diplomatický
Gentillesse	Láskavosť
Honnêteté	Poctivosť
Humanité	Ľudstvo
Intégrité	Integrita
Optimisme	Optimizmus
Patience	Trpezlivosť
Philosophie	Filozofia
Raisonnable	Rozumný
Rationalité	Racionalita
Respectueux	Úctivý
Réalisme	Realizmus
Sagesse	Múdrosť
Tolérance	Tolerancia
Valeurs	Hodnoty

Famille
Rodinná

Ancêtre	Predok
Cousin	Bratranec
Enfance	Detstvo
Enfant	Dieťa
Enfants	Deti
Femme	Manželka
Fille	Dcéra
Frère	Brat
Grand-Mère	Babička
Grand-Père	Dedko
Mari	Manžel
Maternel	Matiek
Mère	Matka
Neveu	Synovec
Nièce	Neter
Oncle	Strýko
Paternel	Otcovské
Père	Otec
Soeur	Sestra
Tante	Teta

Ferme #1
Farma #1

Abeille	Včela
Âne	Somár
Bison	Bizón
Champ	Pole
Chat	Mačka
Cheval	Kôň
Chèvre	Koza
Chien	Pes
Clôture	Plot
Cochon	Prasa
Corbeau	Vrana
Eau	Voda
Engrais	Hnojivo
Foin	Seno
Miel	Med
Poulet	Kura
Riz	Ryža
Troupeau	Kŕdeľ
Vache	Krava
Veau	Teľa

Ferme #2
Farma # 2

Agneau	Jahňa
Agriculteur	Farmár
Animaux	Zvieratá
Berger	Pastier
Blé	Pšenica
Canard	Kačica
Fruit	Ovocie
Grange	Stodola
Irrigation	Zavlažovanie
Lait	Mlieko
Lama	Lama
Légume	Zelenina
Maïs	Kukurica
Mouton	Ovce
Nourriture	Jedlo
Orge	Jačmeň
Pré	Lúka
Ruche	Úľ
Tracteur	Traktor
Verger	Sad

Fleurs
Kvety

Bouquet	Kytica
Gardénia	Gardénia
Hibiscus	Ibištek
Jasmin	Jazmín
Jonquille	Narcis
Lavande	Levanduľa
Lilas	Orgován
Lys	Ľalia
Magnolia	Magnólia
Marguerite	Sedmokráska
Orchidée	Orchidea
Pavot	Mak
Pétale	Lístok
Pissenlit	Púpava
Pivoine	Pivonka
Plumeria	Plumeria
Rose	Ruža
Tournesol	Slnečnica
Trèfle	Ďatelina
Tulipe	Tulipán

Force et Gravité
Sila a Gravitácia

Axe	Os
Centre	Centrum
Découverte	Objav
Distance	Vzdialenosť
Dynamique	Dynamický
Expansion	Expanzia
Friction	Trenie
Impact	Vplyv
Magnétisme	Magnetizmus
Mécanique	Mechanika
Mouvement	Pohyb
Orbite	Orbita
Physique	Fyzika
Planètes	Planét
Poids	Hmotnosť
Pression	Tlak
Propriétés	Vlastnosti
Temps	Čas
Universel	Univerzálny
Vitesse	Rýchlosť

Forêt Tropicale
Dažďový Prales

Amphibiens	Obojživelníky
Botanique	Botanický
Climat	Klíma
Communauté	Komunita
Diversité	Rôznorodosť
Espèce	Druh
Indigène	Domorodý
Insectes	Hmyz
Jungle	Džungle
Mammifères	Cicavce
Mousse	Mach
Nature	Povaha
Nuage	Oblaky
Oiseaux	Vtáky
Précieux	Cenný
Préservation	Zachovanie
Refuge	Útočisko
Respect	Rešpektovať
Restauration	Obnova
Survie	Prežitie

Formes
Tvary

Arc	Oblúk
Bords	Okraje
Carré	Námestie
Cercle	Kruh
Coin	Rút
Courbe	Krivka
Cône	Kužeľ
Côté	Strana
Cube	Kocka
Cylindre	Valec
Ellipse	Elipsa
Hyperbole	Hyperbola
Ligne	Linka
Ovale	Ovál
Polygone	Mnohouholník
Prisme	Hranol
Pyramide	Pyramída
Rectangle	Obdĺžnik
Sphère	Sféra
Triangle	Trojuholník

Fournitures d'Art
Umelecké Potreby

Acrylique	Akryl
Aquarelles	Akvarely
Argile	Hlina
Brosses	Kefy
Caméra	Fotoaparát
Chaise	Stolička
Charbon	Uhlie
Chevalet	Stojan
Colle	Lepidlo
Couleurs	Farby
Crayons	Ceruzky
Créativité	Tvorivosť
Eau	Voda
Encre	Atrament
Gomme	Guma
Huile	Olej
Idées	Nápady
Papier	Papier
Pastels	Pastely
Table	Tabuľka

Fruit
Ovocie

Abricot	Marhule
Ananas	Ananás
Avocat	Avokádo
Baie	Bobule
Banane	Banán
Cerise	Čerešňa
Citron	Citrón
Figue	Figa
Framboise	Malina
Goyave	Guava
Kiwi	Kivi
Mangue	Mango
Melon	Melón
Orange	Oranžový
Papaye	Papája
Pêche	Broskyňa
Poire	Hruška
Pomme	Jablko
Prune	Slivka
Raisin	Hrozno

Géographie
Geografia

Atlas	Atlas
Carte	Mapa
Continent	Kontinent
Équateur	Rovník
Fleuve	Rieka
Hémisphère	Hemisféra
Île	Ostrov
Longitude	Logitude
Mer	More
Méridien	Poludník
Monde	Svet
Montagne	Vrch
Nord	Sever
Océan	Oceán
Ouest	Západ
Pays	Krajina
Région	Región
Sud	Juh
Territoire	Územie
Ville	Mesto

Géologie
Geológia

Acide	Kyselina
Calcium	Vápnik
Caverne	Jaskyňa
Continent	Kontinent
Corail	Koralov
Couche	Vrstva
Cristaux	Kryštály
Érosion	Erózia
Fondu	Roztavený
Fossile	Fosílne
Geyser	Gejzír
Lave	Láva
Minéraux	Minerály
Pierre	Kameň
Plateau	Plošina
Quartz	Kremeň
Sel	Soľ
Stalactite	Stalaktit
Volcan	Sopka
Zone	Zóna

Géométrie
Geometria

Angle	Uhol
Calcul	Kalkulácia
Cercle	Kruh
Courbe	Krivka
Diamètre	Priemer
Dimension	Rozmer
Équation	Rovnice
Hauteur	Výška
Logique	Logika
Masse	Hmotnosť
Médian	Medián
Nombre	Číslo
Parallèle	Paralelný
Proportion	Podiel
Segment	Segment
Surface	Povrch
Symétrie	Symetria
Théorie	Teória
Triangle	Trojuholník
Vertical	Vertikálny

Gouvernement
Vláda

Citoyenneté	Občianstvo
Civil	Občiansky
Constitution	Ústava
Démocratie	Demokracia
Discours	Reč
Discussion	Diskusia
Droits	Práva
Égalité	Rovnosť
État	Štát
Indépendance	Nezávislosť
Judiciaire	Súdny
Justice	Spravodlivosť
Liberté	Sloboda
Loi	Zákon
Monument	Pamätník
Nation	Národ
National	Národný
Paisible	Pokojný
Politique	Politika
Symbole	Symbol

Herboristerie
Bylinkárstvo

Ail	Cesnak
Aromatique	Aromatický
Basilic	Bazalka
Bénéfique	Prospešný
Culinaire	Kuchársky
Estragon	Estragón
Fenouil	Fenikel
Fleur	Kvet
Ingrédient	Zložka
Jardin	Záhrada
Lavande	Levanduľa
Marjolaine	Majorán
Menthe	Mäta
Persil	Petržlen
Qualité	Kvalita
Romarin	Rozmarín
Safran	Šafran
Saveur	Chuť
Thym	Tymian
Vert	Zelená

Ingénierie
Strojárstvo

Angle	Uhol
Axe	Os
Calcul	Kalkulácia
Construction	Konštrukcia
Diagramme	Diagram
Diamètre	Priemer
Diesel	Nafta
Distribution	Distribúcia
Énergie	Energia
Force	Sila
Leviers	Páky
Liquide	Kvapalina
Machine	Stroj
Mesure	Meranie
Moteur	Motor
Profondeur	Hĺbka
Propulsion	Pohon
Rotation	Rotácia
Stabilité	Stabilita
Structure	Štruktúra

Instruments de Musique
Hudobné Nástroje

Banjo	Banjo
Basson	Fagot
Clarinette	Klarinet
Flûte	Flauta
Gong	Gong
Guitare	Gitara
Harmonica	Harmonika
Harpe	Harfa
Hautbois	Hoboj
Mandoline	Mandolína
Marimba	Marimba
Percussion	Perkusie
Piano	Klavír
Saxophone	Saxofón
Tambour	Bubon
Tambourin	Tamburína
Trombone	Trombón
Trompette	Trúbka
Violon	Husle
Violoncelle	Violončelo

Jardin
Záhradný

Arbre	Strom
Banc	Lavička
Buisson	Ker
Clôture	Plot
Étang	Rybník
Fleur	Kvet
Garage	Garáž
Hamac	Hojdacia Sieť
Herbe	Tráva
Jardin	Záhrada
Mauvaises Herbes	Buriny
Pelle	Lopata
Pelouse	Trávnik
Râteau	Hrable
Sol	Pôda
Terrasse	Terasa
Trampoline	Trampolína
Tuyau	Hadica
Verger	Sad
Vigne	Vinič

Jardinage
Záhradníctvo

Botanique	Botanický
Bouquet	Kytica
Climat	Klíma
Comestible	Jedlé
Compost	Kompost
Eau	Voda
Espèce	Druh
Exotique	Exotický
Feuillage	Lístie
Feuille	List
Fleur	Kvet
Floral	Kvetinový
Graines	Semená
Humidité	Vlhkosť
Récipient	Kontajner
Saisonnier	Sezónny
Saleté	Špina
Sol	Pôda
Tuyau	Hadica
Verger	Sad

Jazz
Jazz

Album	Album
Artiste	Umelec
Célèbre	Slávny
Chanson	Pieseň
Compositeur	Skladateľ
Composition	Zloženie
Concert	Koncert
Favoris	Obľúbené
Genre	Žáner
Improvisation	Improvizácia
Musique	Hudba
Nouveau	Nový
Orchestre	Orchester
Rythme	Rytmus
Solo	Sólo
Style	Štýl
Talent	Talent
Tambours	Bicie
Technique	Technika
Vieux	Starý

Jours et Mois
Dni a Mesiace

Août	August
Avril	Apríl
Calendrier	Kalendár
Dimanche	Nedeľa
Février	Február
Janvier	Január
Jeudi	Štvrtok
Juillet	Júl
Juin	Jún
Lundi	Pondelok
Mardi	Utorok
Mars	Marec
Mercredi	Streda
Mois	Mesiac
Novembre	November
Octobre	Október
Samedi	Sobota
Semaine	Týždeň
Septembre	September
Vendredi	Piatok

L'Entreprise
Spoločnosť

Affaires	Podnikanie
Créatif	Kreatívny
Décision	Rozhodnutie
Emploi	Zamestnanie
Global	Globálny
Industrie	Priemysel
Innovant	Inovatívny
Investissement	Investícia
Possibilité	Možnosť
Présentation	Prezentácia
Produit	Produkt
Professionnel	Profesionálny
Progrès	Pokrok
Qualité	Kvalita
Ressources	Zdroje
Revenu	Príjmy
Réputation	Povesť
Risques	Riziká
Tendances	Trendy
Unités	Jednotky

Les Abeilles
Včely

Ailes	Krídla
Bénéfique	Prospešný
Cire	Vosk
Diversité	Rôznorodosť
Essaim	Roj
Écosystème	Ekosystém
Fleur	Kvet
Fleurs	Kvety
Fruit	Ovocie
Fumée	Dym
Habitat	Habitat
Insecte	Hmyz
Jardin	Záhrada
Miel	Med
Nourriture	Jedlo
Plantes	Rastliny
Pollen	Peľ
Reine	Kráľovná
Ruche	Úľ
Soleil	Slnko

Les Médias
Médium

Attitudes	Postoje
Commercial	Komerčný
Communication	Komunikácia
En Ligne	Online
Édition	Vydanie
Éducation	Vzdelávanie
Faits	Fakty
Financement	Financovanie
Industrie	Priemysel
Intellectuel	Intelektuálny
Journaux	Noviny
Local	Miestny
Magazines	Časopisy
Numérique	Digitálny
Opinion	Názor
Photos	Fotografie
Public	Verejnosť
Radio	Rádio
Réseau	Sieť
Télévision	Televízia

Légumes
Zelenina

Ail	Cesnak
Artichaut	Artičok
Aubergine	Baklažán
Brocoli	Brokolica
Carotte	Mrkva
Céleri	Zeler
Champignon	Huba
Citrouille	Tekvica
Concombre	Uhorka
Échalote	Šalotka
Épinard	Špenát
Gingembre	Zázvor
Navet	Kvaka
Oignon	Cibuľa
Olive	Olivový
Persil	Petržlen
Pois	Hrach
Radis	Reďkovka
Salade	Šalát
Tomate	Paradajka

Littérature
Literatúra

Analogie	Analógia
Analyse	Analýza
Anecdote	Anekdota
Auteur	Autor
Biographie	Životopis
Comparaison	Porovnanie
Conclusion	Záver
Description	Popis
Dialogue	Dialóg
Fiction	Beletria
Métaphore	Metafora
Narrateur	Rozprávač
Poème	Báseň
Poétique	Poetický
Rime	Rým
Roman	Román
Rythme	Rytmus
Style	Štýl
Thème	Téma
Tragédie	Tragédia

Livres
Knihy

Auteur	Autor
Aventure	Dobrodružstvo
Collection	Zbierka
Contexte	Kontext
Dualité	Dualita
Épique	Epos
Histoire	Príbeh
Historique	Historický
Humoristique	Humorný
Inventif	Vynaliezavý
Lecteur	Čitateľ
Littéraire	Literárny
Narrateur	Rozprávač
Page	Strana
Pertinent	Príslušný
Poème	Báseň
Poésie	Poézia
Roman	Román
Série	Séria
Tragique	Tragický

Maison
Dom

Balai	Metla
Bibliothèque	Knižnica
Chambre	Izba
Cheminée	Krb
Clés	Kľúče
Clôture	Plot
Cuisine	Kuchyňa
Douche	Sprcha
Fenêtre	Okno
Garage	Garáž
Grenier	Podkrovie
Jardin	Záhrada
Lampe	Lampa
Miroir	Zrkadlo
Mur	Stena
Plafond	Strop
Porte	Dvere
Rideaux	Záclony
Tapis	Koberec
Toit	Strecha

Maladie
Choroba

Abdominal	Brušný
Allergies	Alergie
Bien-Être	Wellness
Chronique	Chronický
Contagieux	Nákazlivý
Corps	Telo
Cœur	Srdce
Faible	Slabý
Génétique	Genetický
Héréditaire	Dedičný
Immunité	Imunita
Inflammation	Zápal
Lombaire	Bedrovej
Neuropathie	Neuropatia
Os	Kosti
Pulmonaire	Pľúcny
Respiratoire	Dýchací
Santé	Zdravie
Syndrome	Syndróm
Thérapie	Terapia

Mammifères
Cicavcov

Baleine	Veľryba
Chat	Mačka
Cheval	Kôň
Chien	Pes
Coyote	Kojot
Dauphin	Delfín
Éléphant	Slon
Girafe	Žirafa
Gorille	Gorila
Kangourou	Klokan
Lapin	Králik
Lion	Lev
Loup	Vlk
Mouton	Ovce
Ours	Medveď
Renard	Líška
Singe	Opica
Taureau	Býk
Tigre	Tiger
Zèbre	Zebra

Mathématiques
Matematika

Angles	Uhly
Arithmétique	Aritmetika
Carré	Námestie
Circonférence	Obvod
Décimal	Desatinné
Diamètre	Priemer
Exposant	Exponent
Équation	Rovnice
Fraction	Zlomok
Géométrie	Geometria
Parallèle	Paralelný
Parallélogramme	Rovnobežník
Perpendiculaire	Kolmý
Polygone	Mnohouholník
Rayon	Polomer
Rectangle	Obdĺžnik
Somme	Súčet
Sphère	Sféra
Symétrie	Symetria
Triangle	Trojuholník

Méditation
Meditácia

Acceptation	Prijatie
Attention	Pozornosť
Calme	Pokojný
Clarté	Jasnosť
Compassion	Súcit
Esprit	Myseľ
Émotions	Emócie
Éveillé	Prebudiť
Gentillesse	Láskavosť
Gratitude	Vďačnosť
Habitudes	Návyky
Mental	Mentálny
Mouvement	Pohyb
Musique	Hudba
Nature	Povaha
Observation	Pozorovanie
Paix	Mier
Perspective	Perspektíva
Respiration	Dýchanie
Silence	Ticho

Météo
Počasie

Arc-En-Ciel	Dúha
Atmosphère	Atmosféra
Brise	Vánok
Brouillard	Hmla
Calme	Pokojný
Ciel	Neba
Climat	Klíma
Glace	Ľad
Mousson	Monzún
Nuage	Mrak
Ouragan	Hurikán
Polaire	Polárny
Sec	Suchý
Sécheresse	Sucho
Température	Teplota
Tempête	Búrka
Tonnerre	Hrom
Tornade	Tornádo
Tropical	Tropický
Vent	Vietor

Musique
Hudba

Album	Album
Ballade	Balada
Chanter	Spievať
Chanteur	Spevák
Classique	Klasický
Enregistrement	Nahrávanie
Harmonie	Súlad
Harmonique	Harmonický
Improviser	Improvizovať
Instrument	Nástroj
Lyrique	Lyrický
Mélodie	Melódia
Microphone	Mikrofón
Musical	Muzikál
Musicien	Hudobník
Opéra	Opera
Poétique	Poetický
Rythme	Rytmus
Rythmique	Rytmický
Tempo	Tempo

Mythologie
Mytológia

Archétype	Archetyp
Catastrophe	Katastrofa
Comportement	Správanie
Création	Tvorba
Créature	Tvor
Croyances	Presvedčenie
Culture	Kultúra
Éclair	Blesk
Force	Sila
Guerrier	Bojovník
Héroïne	Hrdinka
Héros	Hrdina
Immortalité	Nesmrteľnosť
Jalousie	Žiarlivosť
Labyrinthe	Labyrint
Légende	Legenda
Monstre	Príšera
Mortel	Smrteľný
Tonnerre	Hrom
Vengeance	Pomsta

Nature
Príroda

Abeilles	Včely
Animaux	Zvieratá
Arctique	Arktický
Beauté	Krása
Brouillard	Hmla
Désert	Púšť
Dynamique	Dynamický
Érosion	Erózia
Falaises	Útesy
Feuillage	Lístie
Fleuve	Rieka
Forêt	Les
Glacier	Ľadovec
Montagnes	Hory
Nuage	Oblaky
Sanctuaire	Svätyňa
Sauvage	Divoký
Serein	Pokojný
Tropical	Tropický
Vital	Vitálny

Nombres
Čísla

Cinq	Päť
Deux	Dva
Décimal	Desatinné
Dix	Desať
Dix-Huit	Osemnásť
Dix-Neuf	Devätnásť
Dix-Sept	Sedemnásť
Douze	Dvanásť
Huit	Osem
Neuf	Deväť
Quatorze	Štrnásť
Quatre	Štyri
Quinze	Pätnásť
Seize	Šestnásť
Sept	Sedem
Six	Šesť
Treize	Trinásť
Trois	Tri
Vingt	Dvadsať
Zéro	Nula

Nourriture #1
Jedlo #1

Ail	Cesnak
Basilic	Bazalka
Café	Káva
Cannelle	Škorica
Carotte	Mrkva
Citron	Citrón
Épinard	Špenát
Fraise	Jahoda
Jus	Šťava
Lait	Mlieko
Navet	Kvaka
Oignon	Cibuľa
Orge	Jačmeň
Poire	Hruška
Salade	Šalát
Sel	Soľ
Soupe	Polievka
Sucre	Cukor
Thon	Tuniak
Viande	Mäso

Nourriture #2
Jedlo #2

Amande	Mandle
Aubergine	Baklažán
Banane	Banán
Blé	Pšenica
Brocoli	Brokolica
Cerise	Čerešňa
Céleri	Zeler
Champignon	Huba
Chocolat	Čokoláda
Jambon	Šunka
Kiwi	Kivi
Mangue	Mango
Oeuf	Vajec
Pain	Chlieb
Poisson	Ryby
Pomme	Jablko
Poulet	Kura
Raisin	Hrozno
Riz	Ryža
Tomate	Paradajka

Nutrition
Výživa

Amer	Horký
Appétit	Chuť
Calories	Kalórie
Comestible	Jedlé
Diète	Diéta
Digestion	Trávenie
Épices	Korenie
Équilibré	Vyvážený
Fermentation	Kvasenie
Glucides	Sacharidy
Ingrédients	Ingrediencie
Liquides	Tekutiny
Poids	Hmotnosť
Protéines	Bielkoviny
Qualité	Kvalita
Sain	Zdravý
Santé	Zdravie
Sauce	Omáčka
Toxine	Toxín
Vitamine	Vitamín

Océan
Oceán

Anguille	Úhor
Baleine	Veľryba
Bateau	Loď
Corail	Koralov
Crabe	Krab
Crevette	Krevety
Dauphin	Delfín
Éponge	Hubka
Huître	Ustrice
Marées	Príliv
Méduse	Medúza
Poisson	Ryby
Poulpe	Chobotnica
Requin	Žralok
Récif	Útes
Sel	Soľ
Tempête	Búrka
Thon	Tuniak
Tortue	Korytnačka
Vagues	Vlny

Oiseaux
Vtákov

Aigle	Orol
Autruche	Pštros
Canard	Kačica
Cigogne	Bocian
Colombe	Holubica
Corbeau	Vrana
Coucou	Kukučka
Cygne	Labuť
Héron	Volavka
Manchot	Tučniak
Moineau	Vrabec
Mouette	Čajka
Oeuf	Vajec
Oie	Hus
Paon	Páv
Perroquet	Papagáj
Pélican	Pelikán
Pigeon	Holub
Poulet	Kura
Toucan	Tukan

Pays #1
Krajiny #1

Afghanistan	Afganistan
Allemagne	Nemecko
Argentine	Argentína
Brésil	Brazília
Canada	Kanada
Espagne	Španielsko
Équateur	Ekvádor
Finlande	Fínsko
Inde	India
Israël	Izrael
Libye	Líbya
Mali	Mali
Maroc	Maroko
Nicaragua	Nikaragua
Norvège	Nórsko
Panama	Panama
Philippines	Filipíny
Pologne	Poľsko
Roumanie	Rumunsko
Venezuela	Venezuela

Pays #2
Krajiny #2

Albanie	Albánsko
Chine	Čína
Danemark	Dánsko
France	Francúzsko
Haïti	Haiti
Indonésie	Indonézia
Irlande	Írsko
Jamaïque	Jamajka
Japon	Japonsko
Kenya	Keňa
Laos	Laos
Liban	Libanon
Mexique	Mexiko
Ouganda	Uganda
Pakistan	Pakistan
Russie	Rusko
Somalie	Somálsko
Soudan	Sudán
Syrie	Sýria
Ukraine	Ukrajina

Paysages
Krajinky

Cascade	Vodopád
Colline	Kopec
Désert	Púšť
Estuaire	Ústie
Fleuve	Rieka
Geyser	Gejzír
Grotte	Jaskyňa
Iceberg	Ľadovec
Île	Ostrov
Lac	Jazero
Marais	Močiar
Mer	More
Montagne	Vrch
Oasis	Oáza
Océan	Oceán
Péninsule	Polostrov
Plage	Pláž
Toundra	Tundra
Vallée	Údolie
Volcan	Sopka

Philanthropie
Filantropia

Besoin	Potrebovať
Buts	Ciele
Charité	Charita
Communauté	Komunita
Contacts	Kontakty
Défis	Výzvy
Enfants	Deti
Finance	Financie
Fonds	Fondy
Gens	Ľudia
Générosité	Štedrosť
Global	Globálny
Groupes	Skupiny
Histoire	História
Honnêteté	Poctivosť
Humanité	Ľudstvo
Jeunesse	Mládež
Mission	Misia
Programmes	Programy
Public	Verejnosť

Physique
Fyzika

Accélération	Zrýchlenie
Atome	Atóm
Chaos	Chaos
Chimique	Chemický
Densité	Hustota
Électron	Elektrón
Formule	Vzorec
Fréquence	Frekvencia
Gaz	Plyn
Gravité	Gravitácia
Magnétisme	Magnetizmus
Masse	Hmotnosť
Mécanique	Mechanika
Molécule	Molekula
Moteur	Motor
Nucléaire	Jadrový
Particule	Častica
Relativité	Relativita
Universel	Univerzálny
Vitesse	Rýchlosť

Plantes
Rastliny

Arbre	Strom
Baie	Bobule
Bambou	Bambus
Botanique	Botanika
Buisson	Ker
Cactus	Kaktus
Engrais	Hnojivo
Feuillage	Lístie
Fleur	Kvet
Flore	Flóra
Forêt	Les
Haricot	Fazuľa
Herbe	Tráva
Jardin	Záhrada
Lierre	Brečtan
Mousse	Mach
Pétale	Lístok
Racine	Koreň
Tige	Stonka
Végétation	Vegetácia

Professions #1
Profesie #1

Ambassadeur	Veľvyslanec
Astronome	Astronóm
Avocat	Právnik
Banquier	Bankár
Bijoutier	Klenotník
Cartographe	Kartograf
Chasseur	Lovec
Danseur	Tanečník
Entraîneur	Tréner
Éditeur	Editor
Géologue	Geológ
Infirmière	Sestra
Médecin	Lekár
Musicien	Hudobník
Pianiste	Klavirista
Plombier	Inštalatér
Pompier	Hasič
Psychologue	Psychológ
Scientifique	Vedec
Vétérinaire	Veterinár

Professions #2
Profesie #2

Astronaute	Astronaut
Bibliothécaire	Knihovník
Biologiste	Biológ
Chercheur	Výskumník
Chirurgien	Chirurg
Dentiste	Zubár
Détective	Detektív
Enseignant	Učiteľ
Illustrateur	Ilustrátor
Ingénieur	Inžinier
Inventeur	Vynálezca
Jardinier	Záhradník
Journaliste	Novinár
Linguiste	Lingvista
Médecin	Lekár
Peintre	Maliar
Philosophe	Filozof
Photographe	Fotograf
Pilote	Pilot
Zoologiste	Zoológ

Psychologie
Psychológia

Clinique	Klinický
Comportement	Správanie
Conflit	Konflikt
Ego	Ego
Enfance	Detstvo
Expériences	Skúsenosti
Émotions	Emócie
Évaluation	Hodnotenie
Idées	Nápady
Inconscient	Nevedomý
Pensées	Myšlienky
Perception	Vnímanie
Personnalité	Osobnosť
Problème	Problém
Rendez-Vous	Vymenovanie
Réalité	Realita
Rêves	Sny
Sensation	Pocit
Subconscient	Podvedomie
Thérapie	Terapia

Randonnée
Pešia Turistika

Animaux	Zvieratá
Bottes	Čižmy
Camping	Kemp
Carte	Mapa
Climat	Klíma
Eau	Voda
Falaise	Útes
Fatigué	Unavený
Lourd	Ťažký
Météo	Počasie
Montagne	Vrch
Moustiques	Komáre
Nature	Povaha
Orientation	Orientácia
Parcs	Parky
Pierres	Kamene
Préparation	Príprava
Sauvage	Divoký
Soleil	Slnko
Sommet	Summit

Restaurant #2
Reštaurácia č. 2

Boisson	Nápoj
Chaise	Stolička
Cuillère	Lyžica
Déjeuner	Obed
Délicieux	Lahodný
Dîner	Večera
Eau	Voda
Épices	Korenie
Fourchette	Vidlica
Fruit	Ovocie
Gâteau	Torta
Glace	Ľad
Légumes	Zelenina
Nouilles	Rezance
Oeuf	Vajcia
Poisson	Ryby
Salade	Šalát
Sel	Soľ
Serveur	Čašník
Soupe	Polievka

Réchauffement Climatique
Globálne Oteplovanie

Arctique	Arktický
Attention	Pozornosť
Climat	Klíma
Crise	Kríza
Développement	Vývoj
Données	Údaje
Environnemental	Ekologický
Énergie	Energia
Futur	Budúcnosť
Gaz	Plyn
Générations	Generácie
Gouvernement	Vláda
Habitats	Biotop
Industrie	Priemysel
International	Medzinárodný
Législation	Legislatíva
Maintenant	Teraz
Populations	Populácie
Scientifique	Vedec
Températures	Teploty

Santé et Bien-Être #1
Zdravie a Wellness #1

Actif	Aktívny
Bactéries	Baktérie
Blessure	Zranenie
Clinique	Klinika
Faim	Hlad
Fracture	Zlomenina
Habitude	Zvyk
Hauteur	Výška
Hormone	Hormóny
Médecin	Lekár
Médicament	Medicína
Muscles	Svaly
Os	Kosti
Peau	Koža
Pharmacie	Lekáreň
Relaxation	Relaxácia
Réflexe	Reflex
Thérapie	Terapia
Traitement	Liečba
Virus	Vírus

Santé et Bien-Être #2
Zdravie a Wellness #2

Allergie	Alergia
Anatomie	Anatómia
Appétit	Chuť
Calorie	Kalórie
Corps	Telo
Déshydratation	Dehydratácia
Énergie	Energia
Génétique	Genetika
Hôpital	Nemocnica
Hygiène	Hygiena
Infection	Infekcia
Maladie	Choroba
Massage	Masáž
Nutrition	Výživa
Poids	Hmotnosť
Récupération	Obnovenie
Sain	Zdravý
Sang	Krv
Stress	Stres
Vitamine	Vitamín

Science
Veda

Atome	Atóm
Chimique	Chemický
Climat	Klíma
Données	Údaje
Expérience	Experiment
Évolution	Vývoj
Fait	Fakt
Fossile	Fosílne
Gravité	Gravitácia
Hypothèse	Hypotéza
Laboratoire	Laboratórium
Méthode	Metóda
Minéraux	Minerály
Molécules	Molekuly
Nature	Povaha
Observation	Pozorovanie
Organisme	Organizmus
Particules	Častice
Physique	Fyzika
Scientifique	Vedec

Science-Fiction
Science Fiction

Atomique	Atómová
Cinéma	Kino
Explosion	Výbuch
Extrême	Extrémny
Fantastique	Fantastický
Feu	Oheň
Futuriste	Futuristický
Galaxie	Galaxia
Illusion	Ilúzia
Imaginaire	Imaginárny
Livres	Knihy
Monde	Svet
Mystérieux	Tajomný
Oracle	Oracle
Planète	Planéta
Réaliste	Realistický
Robots	Roboty
Scénario	Scenár
Technologie	Technológia
Utopie	Utópia

Sport
Šport

Athlète	Športovec
Capacité	Schopnosť
Corps	Telo
Cyclisme	Cyklistika
Danse	Tanec
Diète	Diéta
Endurance	Vytrvalosť
Entraîneur	Tréner
Étirement	Strečing
Force	Sila
Jogging	Jogging
Maximiser	Maximalizovať
Métabolique	Metabolický
Muscles	Svaly
Nutrition	Výživa
Objectif	Cieľ
Os	Kosti
Programme	Program
Santé	Zdravie
Sports	Športové

Temps
Čas

Année	Rok
Annuel	Ročný
Après	Po
Avant	Pred
Bientôt	Čoskoro
Calendrier	Kalendár
Décennie	Desaťročie
Futur	Budúcnosť
Heure	Hodina
Hier	Včera
Horloge	Hodiny
Jour	Deň
Maintenant	Teraz
Matin	Ráno
Midi	Poludnie
Minute	Minúta
Mois	Mesiac
Nuit	Noc
Semaine	Týždeň
Siècle	Storočie

Types de Cheveux
Typy Vlasov

Argent	Striebro
Blanc	Biely
Blond	Blond
Boucles	Kučery
Brillant	Lesklý
Chauve	Plešatý
Coloré	Farebné
Court	Krátky
Doux	Mäkký
Épais	Hrubý
Frisé	Kučeravý
Gris	Šedá
Long	Dlhý
Marron	Hnedý
Mince	Tenký
Noir	Čierny
Ondulé	Vlnitý
Sain	Zdravý
Sec	Suchý
Tressé	Pletené

Univers
Vesmír

Astéroïde	Asteroid
Astronome	Astronóm
Astronomie	Astronómia
Atmosphère	Atmosféra
Céleste	Nebeský
Ciel	Neba
Cosmique	Kozmický
Équateur	Rovník
Galaxie	Galaxia
Hémisphère	Hemisféra
Horizon	Horizont
Longitude	Logitude
Lune	Mesiac
Obscurité	Tma
Orbite	Orbita
Solaire	Solárny
Solstice	Slnovrat
Télescope	Teleskop
Visible	Viditeľný
Zodiaque	Zverokruh

Vacances #2
Dovolenka #2

Aéroport	Letisko
Camping	Kemp
Carte	Mapa
Destination	Cieľ
Étranger	Cudzinec
Hôtel	Hotel
Île	Ostrov
Loisir	Voľný Čas
Mer	More
Passeport	Pas
Plage	Pláž
Restaurant	Reštaurácia
Réservations	Rezervácie
Taxi	Taxi
Tente	Stan
Train	Vlak
Transport	Preprava
Vacances	Dovolenka
Visa	Víza
Voyage	Cesta

Véhicules
Vozidlá

Ambulance	Ambulancie
Avion	Lietadlo
Bateau	Loď
Bus	Autobus
Camion	Nákladné Auto
Caravane	Karavána
Ferry	Trajekt
Fusée	Raketa
Hélicoptère	Vrtuľník
Métro	Metro
Moteur	Motor
Navette	Raketoplán
Pneus	Pneumatiky
Radeau	Raft
Scooter	Skúter
Sous-Marin	Ponorka
Taxi	Taxi
Tracteur	Traktor
Vélo	Bicykel
Voiture	Auto

Vêtements
Oblečenie

Bracelet	Náramok
Ceinture	Pás
Chapeau	Klobúk
Chaussure	Topánka
Chemise	Košeľa
Chemisier	Blúzka
Collier	Náhrdelník
Foulard	Šál
Gants	Rukavice
Jeans	Džínsy
Jupe	Sukňa
Manteau	Plášť
Mode	Móda
Pantalon	Nohavice
Pull	Sveter
Pyjama	Pyžamá
Robe	Šaty
Sandales	Sandále
Tablier	Zástera
Veste	Bunda

Ville
Mesto

Aéroport	Letisko
Banque	Banka
Bibliothèque	Knižnica
Boulangerie	Pekáreň
Cinéma	Kino
Clinique	Klinika
École	Škola
Fleuriste	Kvetinárstvo
Galerie	Galéria
Hôtel	Hotel
Librairie	Kníhkupectvo
Marché	Trh
Musée	Múzeum
Pharmacie	Lekáreň
Restaurant	Reštaurácia
Stade	Štadión
Supermarché	Supermarket
Théâtre	Divadlo
Université	Univerzita
Zoo	Zoo

Félicitations

Vous avez réussi !

Nous espérons que vous avez apprécié ce livre autant que nous avons pris plaisir à le concevoir. Nous faisons de notre mieux pour créer des livres de la meilleure qualité possible.
Cette édition est conçue pour permettre un apprentissage intelligent et de qualité en se divertissant !

Vous avez aimé ce livre ?

Une Simple Demande

Nos livres existent grâce aux avis que vous publiez. Pourriez-vous nous aider en laissant un avis maintenant ?

Voici un lien rapide qui vous mènera à votre page d'évaluation de vos commandes :

BestBooksActivity.com/Avis50

CHALLENGE FINAL !

Défi n°1

Êtes-vous prêt pour votre jeu bonus ? Nous les utilisons tout le temps mais ils ne sont pas si faciles à trouver. Voici les **Synonymes** !

Notez 5 mots que vous avez trouvés dans les puzzles notés ci-dessous (n°21, n°36, n°76) et essayez de trouver 2 synonymes pour chaque mot.

Notez 5 Mots du **Puzzle 21**

Mots	Synonyme 1	Synonyme 2

Notez 5 Mots du **Puzzle 36**

Mots	Synonyme 1	Synonyme 2

Notez 5 Mots du **Puzzle 76**

Mots	Synonyme 1	Synonyme 2

Défi n°2

Maintenant que vous vous êtes échauffé, notez 5 mots que vous avez découverts dans les Puzzles n° 9, n° 17, n° 25 et essayez de trouver 2 antonymes pour chaque mot. Combien pouvez-vous en trouver en 20 minutes ?

Notez 5 Mots du **Puzzle 9**

Mots	Antonyme 1	Antonyme 2

Notez 5 Mots du **Puzzle 17**

Mots	Antonyme 1	Antonyme 2

Notez 5 Mots du **Puzzle 25**

Mots	Antonyme 1	Antonyme 2

Défi n°3

Formidable ! Ce défi final  n'est rien pour vous.

Prêt pour le dernier défi ? Choisissez 10 mots que vous avez découverts parmi les différents puzzles et notez-les ci-dessous.

1.	6.
2.	7.
3.	8.
4.	9.
5.	10.

Maintenant, composez un texte en pensant à une personne, un animal ou un lieu que vous aimez !

Astuce: Vous pouvez utiliser la dernière page de ce livre comme brouillon !

Votre Composition :

CARNET DE NOTES :

À TRÈS BIENTÔT !

Toute l'équipe

DECOUVREZ DES JEUX GRATUITS

GO

↓

BESTACTIVITYBOOKS.COM/FREEGAMES